中国社会科学院创新工程学术出版资助项目

经济管理学术文库·管理类

产业创新生态中的角色与定位

Industrial Ecosystem of Technological Innovation

赵剑波／著

经济管理出版社
ECONOMY & MANAGEMENT PUBLISHING HOUSE

图书在版编目（CIP）数据

产业创新生态中的角色与定位/赵剑波著. —北京：经济管理出版社，2015.11
ISBN 978-7-5096-4063-0

Ⅰ.①产…　Ⅱ.①赵…　Ⅲ.①高技术产业—研究—中国　Ⅳ.①F279.244.4

中国版本图书馆 CIP 数据核字（2015）第 289711 号

组稿编辑：申桂萍
责任编辑：杨国强
责任印制：黄章平
责任校对：王　焱

出版发行：经济管理出版社
　　　　　（北京市海淀区北蜂窝 8 号中雅大厦 A 座 11 层　100038）
网　　址：www. E-mp. com. cn
电　　话：（010）51915602
印　　刷：北京九州迅驰传媒文化有限公司印刷
经　　销：新华书店
开　　本：720mm×1000mm/16
印　　张：15
字　　数：207 千字
版　　次：2015 年 11 月第 1 版　　2015 年 11 月第 1 次印刷
书　　号：ISBN 978-7-5096-4063-0
定　　价：49.00 元

前　言

随着各个创新角色的加入，我国产业创新系统的发展呈现出多样化的生态系统特征。本书通过引入生态学视角研究产业技术创新体系。从生态系统的角度研究企业技术创新系统，将会给技术创新管理提供一种新的视角。按照产业创新生态系统中的角色分类，本书围绕着创新要求，分别从集群、企业、管理者、中介机构等角度做出了详细的阐述。

本书的内容主要包括理论、政策、实证和案例研究四大部分。在理论部分，本书的研究内容主要围绕产业技术创新生态系统的内涵、特征以及研究框架的构建而展开。本书在深刻理解产业技术创新现状的基础上，采用新的视角审视产业技术创新体系的构建过程，明确产业技术创新生态体系的概念和内涵，最终构建产业技术创新生态系统理论体系。本书还结合具体的产业创新基础，提出了创新生态理论体系的研究框架和内容，以及未来可能的研究方向。

在政策研究部分，本书认为经过多年的自主创新实践，我国企业逐步形成了自己的创新体系和创新方法，并有效提升了企业的竞争力。需要注意的是，一些企业对于创新研发支撑体系的理解还存在一定的误区。企业研发支撑体系不应是"资料室"，更不应是"修理厂"，而是企业围绕研发活动建立的一整套组织机构和系统，是创新型企业区别于一般企业的基础。通过企业访谈和调研，本书整理了现阶段我国创新型企业采用的几种典型研发体系支撑模式，包括中央研究院支撑体系、创新合作网络支撑体系、外部引入研发支撑体系、平台创新支撑体系等。推进创新型企业研发支撑体系建设，一方面需要政府更好地扮演政策制定者的角色，另一方面要求企业充分发挥研发创新主体的作用。在相关案例研究的基础上，本书针对当前我国创新型企业研发支撑体系存在的不足与问题，提出进一步完善体系建设的整体思路，以及分别针对政府和企业的具体建议。

本书对于民营企业的创新激励做出了相关的研究工作。本书认为，相对于国有企业，民营企业具有更强的市场敏感性，因此在技术创新的投资和组织过程中，民营科技企业更加注重科技资源的高效利用，更加注重成果的工程化和产业化；相对于外资企业，民营企业具有更强的本土扎根性，这就决定了民营科技企业更加注重关键技术能力和核心科技资源在本土的培育和积淀。随着技术创新能力的不断累积，民营科技企业在推进我国自主创新能力持续提升、实现创新型国家建设伟大目标的事业中扮演着越来越重要的角色。只要政策能够有效解决制约我国民营企业技术创新的障碍和"瓶颈"，引导民营企业坚定科技创新的信心，民营科技企业必将成为国家创新体系中最有技术竞争力和市场竞争力的企业群体。

在实证研究部分，本书主要分析了影响我国产业集群创新的主要因素，尤其是高新技术园区企业综合绩效影响因素。本书从政府政策和企业需求两方面分析了它们对于高新科技园区内企业运营绩效的影响，验证了包括政府政策、园区管理机构服务、企业主观评估、企业需求对于企业绩效的作用。对在北京科技园区的企业进行问卷调查。数据分析的结果表明，企业技术性需求的满足有助于全面提高企业的运营绩效；政府的管理性政策与企业的技术绩效正相关，与企业的资金绩效负相关；政府的支持性政策有助于加强企业的人才和市场绩效；

特别值得注意的是，科技园管理机构的服务作用对于企业的技术绩效和市场绩效表现出正相关的作用。本书从资源基础的角度分析了集群企业的创新，资源基础观认为是资源的特性或者异质性决定了企业绩效和竞争优势，本书从企业资源管理和内部学习的角度分析了两者对于企业综合绩效和员工成长的影响，并分析了企业经营历史对于上述关系的作用。本书采用问卷调查的方法调研了位于 3 个不同科技园区的科技企业，对于回收的问卷数据采用路径分析。数据分析结果显示，企业资源管理与综合绩效之间呈正相关，而企业经营历史加强了这种关系；企业内部学习并不能直接影响企业的综合绩效水平，它作为人力资本的投资，提升了企业员工的胜任能力，而企业员工的成长最终导致企业绩效水平的提升。本书讨论了上述分析对于企业的管理实践启示和本研究的局限性。最后，本书选择了 10 个典型的产业集群，结合国内集群发展的实际情况，重点论述集群网络之中企业的"学习机制"，即企业对于集群知识的"获取——吸收——扩散——创造"过程，学习机制加强了集群的创新能力，并对各个产业集群的创新情况做比较分析。

在案例研究部分，本书重点选择中关村海淀园，分析了海淀园的软件集群创新能力，以及以 iBridge 网站为例，说明了中介机构在产业集群创新过程中所发挥的重要作用。

本书的内容囊括了笔者近 6 年以来对于产业创新的研究成果，其中有些已经在学术期刊正式发表，有些是工作论文和研究报告。在本书的形成过程中，特别感谢清华大学中国企业研究中心、中国社会科学院工业经济研究所等同事和同学的大力帮助，非常感谢接受问卷调查和案例访谈的各集群企业和政府管理者。

鉴于水平所限，本书疏漏之处，在所难免。敬请各位专家、学者以及广大读者批评指正！

赵剑波

2015 年 10 月

目 录
Contents

第二部分　政策篇

第三部分 实证篇

第四部分　案例篇

第一部分

理论篇

| 第一章 |

产业技术创新生态体系研究

　　针对我国目前产业结构升级、战略性新兴产业发展、科技自主创新等宏观经济背景，本书试图通过综述现有的产业技术创新生态系统研究，为我国产业结构升级和自主创新系统建设提供理论和政策基础。基于现有的文献综述和分析，本书试图构建一个产业技术创新生态系统研究体系，主要研究目的在于利用生态系统的视角解释现有的产业创新过程和现状，最终提出有效的产业创新发展政策建议。本书研究内容主要围绕产业技术创新生态系统的内涵、生态视角下产业技术创新生态系统的新特征以及未来的研究方向三方面的研究而展开。此外，本书认为在理解产业技术创新系统内涵的过程中，同时考虑在产业内部存在的不同技术创新生态系统之间的竞争与合作关系，即生态系统的稳定性和平衡性。

　　通过对产业技术创新生态系统研究的综述和评价，本书希望能够开启对此主题的深入研究，在未来的研究过程中实现如下目标：首先，解释产业技术创新生态体系建设的一般规律，通过建立产业技术生态创新体系，分析科技、产业和市场之间的整合、互动、演进过程，促进产业竞争力的提升，以降低技术创新的不确定性，使得技术创新成果尽快产业化和市场化；其次，厘清产业技术创新生态体系的理论内涵和意义，在充分理解创新生态体系内涵和边界的基础上，采用生态视角理解产业竞争和演化，并确保在全球产业技术创新生态系统中的有利位置；最后，产业生态视角下科技创新政策的制定和实施，从生态系统的视角理解技术创新政策和战略，我国既有的产业发展思路存在什么问题，应该如何进行政策修正。

一、产业技术创新生态系统的内涵

产业生态创新体系的相关理论研究近年来受到国内外学者的普遍关注。综合分析现有研究内容，学者关注的焦点主要集中在以下几个方面：

（一）产业技术创新生态系统的概念：多元合作系统

产业技术创新系统是对于技术创新理论的拓展。创新生态系统论是从企业仿生学角度解释企业创新的一种理论，是基于网络创新和开放式创新理论的进一步发展。

企业仿生学研究为产业组织理论提供了新的视角，例如企业生命周期理论。Freeman（1977）提出"组织种群生态学"的观点，认为在一个特定边界内的、具有共同形式的所有组织构成种群，同一个种群中的组织对环境的依赖程度不同，影响着这些组织的活动方式及其结构。Moore（1996）认为，企业生态系统是以组织和个体的相互作用为基础的经济联合体。Adner（2006）提出了创新生态系统的观点，他认为企业创新往往不是单个企业可以完成的功绩，而要通过与一系列伙伴的互补性协作，才能生产出具有顾客价值的产品。国外对于创新生态系统的研究主要侧重于商业生态系统战略（Business

Ecosystem Strategy）的确立（Moore，1996；Iansiti 和 Levien，2004；Adner，2006）。

国内对于创新生态系统的研究相对多一些。陆玲（1995）提出企业生态学理论，将企业生态学定义为"研究企业与其环境之间相互关系的学科"，提出"企业生态链"、"企业生态网"、"企业群落"、"企业生态系统"以及"企业生态对策"等概念，并以生态学观点进一步论述了企业管理学与企业生态学之间的关系。李湘桔和詹勇飞（2008）认为，创新生态系统的实质在于融合知识使创新主体具有完备性，并提出创新生态系统管理矩阵的概念。从知识获取渠道看，可分为内部知识和外部知识；从创新所需的知识性质看，可分为创新主体知识和创新协作知识。

产业创新生态系统的视角影响着产业组织理论和企业战略的发展，在此研究视角之下，研究者主要关注产业内部网络主体间以合作和竞争为特点的协调及演化过程（Brandenburger 和 Nalebuff，1997；Afuah，2000）。产业创新生态系统的研究主要关注企业主体之间的相互作用过程，它把研究情境置于双边关系、产业背景乃至整个产业生态系统等不同的层面（Jacobides、Knudsen 和 Augier，2006；Pisano 和 Teece，2007）。创新生态系统研究强调对于组织所面对外部环境的复杂性和动态性的理解，并通过解释核心企业如何塑造环境特征来说明它们取得成功的原因，例如沃尔玛、微软等核心企业。

Adner（2006）认为，创新生态系统是企业间通过协作的方式，结合各自的产品优势，形成一种紧密合作的、面向客户的解决方案。生态系统所创造的客户价值是个体企业所不能比拟的，一些研究如平台领导者（Platform Leadership）、开放式创新（Open Innovation）、价值网络（Value Network）、超链接组织（Hyperlinked Organizations）等，都在此概念范围内进行讨论。

总之，创新生态系统论认为，企业自身的创新系统是一个生命系

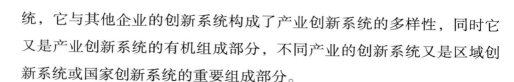

统，它与其他企业的创新系统构成了产业创新系统的多样性，同时它又是产业创新系统的有机组成部分，不同产业的创新系统又是区域创新系统或国家创新系统的重要组成部分。

（二）产业技术创新生态体系的主体：多主体参与

产业技术创新系统是整个产业生态系统的一部分。产业生态系统的研究主要应用自然生态系统中种群关系理论，研究创新系统中企业间的生态关系，而产业技术创新生态系统则偏重技术创新战略的研究。

Moore（1996）认为，产业生态系统以企业为中心，特别是拥有核心能力的企业。产业技术创新生态系统由各种各样的生物物种（成员）所组成，成员相互间存在各种复杂关系。生物物种主要包括企业个体及同质企业（相同的技术、供应商、用户等）所形成的种群，如消费者、供应商、市场中介、金融机构和投资者等，相互间的各种复杂关系既有垂直关系，如供应商、消费者、市场中介机构等关系，又有水平关系，如竞争对手、其他产业的企业、政府部门、高校、科研机构、利益相关者等关系。他们分别形成了核心生态系统、扩展生态系统和完整生态系统三个层面。Christoph 等（2009）提出了服务创新生态系统，认为系统的主体包括平台提供者、服务提供者、客户以及中介组织。

（三）产业技术创新生态体系的结构：以平台为中心

产业技术创新生态系统是由不同产业链相互交织在一起而形成开放的、多维的复杂网络结构。产业技术创新系统结构具有开放式创新系统的特征，每一个生态系统都是一个开放的、与社会有着全方位资源交换的、不断做内部调整的动态系统，具有自身所在系统没有的特性和功能。产业生态系统研究逐渐从个体到种群范围，最后扩展到种群之间的关系层次。

杨忠直（2003）总结了企业生态学的理论体系，认为企业生态学的研究范畴可以分为个体、种群、产业集群和生态系统四个层次。具体到技术创新战略层面，创新系统主要侧重创新平台的研究。

陈斯琴（2008）提出了基于创新平台的产业技术创新系统模型，其结构由核心层、开发应用层及创新平台构成，如图 1-1 所示。

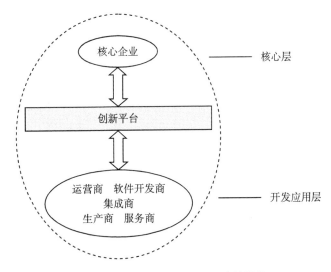

图 1-1　企业技术创新生态系统的结构

资料来源：陈斯琴（2008）。

二、生态视角下产业技术创新体系的新特征

（一）系统动态演化特征

Moore（1998）认为，企业应该着重考虑自身如何作为一个复杂演化系统的参与者。以苹果公司的 iPod 音乐播放器为例，没有一个产品零件或配件是苹果公司直接生产的，零件供应商、唱片公司、消费者、音乐下载网站等主体能够围绕其形成一个新的生态系统。新的产业形

态或者生态系统总在不断地形成、发展和演化。

现有的产业创新生态系统研究对于系统特征的总结基本来自于对生物生态系统特征的类比。通过与自然生态系统相比较并结合创新生态系统理论，一般认为产业技术创新生态系统具有动态的、演化的特征。胡斌（2006）从成员和系统两个角度思考产业创新生态系统的特征。产业生态系统成员具有生态性、决策活性、智慧性；产业生态系统具有相互适应、共同进化的系统化、集成化创新性特征。戴宁（2010）认为，产业创新生态系统具有动态演化性、协同进化性、竞争性、多样性和平衡性等特征。

（二）产业竞争的新特征

产业内部的竞争也不再局限于企业和企业之间，而是生态系统和生态系统之间的竞争。创新生态系统的主体之间形成了一种松散的网络关系。Prendergast 和 Berthon（2000）认为，这种松散的联系能够提供伙伴选择和系统设计的灵活性。Moore（1993）认为，苹果、IBM、福特、沃尔玛等都是商业生态系统的核心企业和领导者，但它们的价值体现离不开整个生态系统的支撑。Hearn 和 Pace（2006）认为，商业生态系统的发展将从简单合作向复杂合作转变。例如，在电信领域，使用兼容产品或服务的消费者网络可以影响其他技术生态系统的消费模式。在市场竞争中，个体企业的生存严重依赖于整个商业生态系统是否能够获得竞争优势。

三、产业技术创新生态体系的边界

在国内外对于产业生态系统的研究中，存在几个比较容易混淆的概念。与生态学相关的概念，例如产业生态系统、生态组织等概念都采用生态学视角研究不同的问题。

第一，商业生态系统。Moore（1996）提出商业生态系统的概念。Iansiti 和 Levien（2004）对许多公司的"生态系统"进行研究和观察后得出结论，认为任何不同的组织或个人都必须直接或间接地支持或依赖于特定的业务、技术或标准，所以传统的更强调企业内在能力的商业范式已不能适应现在强调广泛联系的"商业生态系统"。成功的企业都利用了它们的"关键优势"，通过整个商业网络的合作来获得竞争力，这都得益于一个超乎它们自身公司范围的更广泛的环境而成功，那就是它们各自的"创新生态系统"。在企业层面，英特尔和 SAP 都认为，统一和技术平台以及产业生态系统是促进数字信息技术发展的关键因素。商业生态系统的概念比较接近产业或企业生态系统，尤其创新生态系统的提出，使理论研究的内容逐渐聚焦到产业技术创新生态系统中。

第二，集群创新网络。随着产业集群理论的发展，集群创新呈现出合作网络化的特征。网络化集群创新理论认为集群内存在前向、后向和水平的产业联系的供应商、生产商、销售代理商、顾客之间，企业与当地政府、大学或研究机构、金融机构、中介服务组织等相关支撑体系之间，通过长期的联系形成本地化网络。这种网络包括产业网络和区域创新网络。网络中的各行为主体之间以正式或非正式的关系，频繁地进行着商品、服务、信息、劳动力等贸易性或非贸易性的交易、交流和互动，相互学习，密切合作，共同推动区域的发展和企业的持续创新。集群创新网络的研究，依旧侧重把外部网络作为既定的环境因素，企业是既定创新网络资源中的节点。

第三，开放式创新。Chesbrough（2003）提出开放式创新的概念，其研究的内容与创新生态系统类似，但概念本身并不是受生态学视角的启发而提出的。相对于创新生态系统，开放式创新只是一个企业内部的技术创新战略，强调外部人才和知识的重要作用。开放式创新研究的战略意图和研究问题明显区别于创新生态系统。

产业技术创新生态系统和以上概念有所区别，它的研究对象主要聚焦于技术创新理论和政策研究，引入仿生学的视角的目的在于理论研究的便利，认为在生态学研究的视角下，更能够获得对于产业技术创新机理的深刻理解。

产业技术创新生态系统是主要关注产业技术创新战略的研究，在研究内容和关注对象的特征上，区别于集群创新网络的研究。此外，产业技术创新生态系统还区别于商业或产业生态系统，企业技术创新生态系统由产业生态系统发展而来，技术创新系统是产业生态系统的重要组成部分，并具有生态特征。

四、基于产业情境的创新生态系统研究和政策启示

就具体产业而言，生态视角下的产业创新系统研究主要集中在通信产业。郭宁和梁雄健（2005）通过类比的方法，分析了通信产业的创新生态系统。他们认为通信产业生态系统各组成成分在系统内相互影响、相互作用，共同推动通信产业生态系统发展和演进。在通信产业生态系统中也有占据主导地位的企业，或者运营商，或者某类提供商。随着时间的变迁，具有领导作用的企业也可能会发生改变。娄成武和李丹（2006）分析了我国电信产业生态系统的结构与功能。他们主要从生态系统演化和平衡的角度分析了我国电信产业结构的现状，并说明我国电信产业政策的特点。熊炜烨和张圣亮（2004）将生态学中的"生态系统"概念引入产业价值链模型之中，以系统取代单向链，以平衡的合作竞争观取代单纯的竞争理念，构建全新的"宽带产业生

态系统"模型。

生态视角下，政府政策目标在于整个生态系统的治理。例如，戴宁（2010）认为政府应采取的政策和行为主要包括：营造良好的系统外部环境，鼓励科技中介机构和金融机构参与企业技术创新生态系统。

总之，将技术创新生态系统的研究视角与产业组织理论研究的结合，需要理解与说明两者各自的特点，例如对于生态系统视角的准确把握；对现有产业竞争、产业结构、产业创新、产业演化等方面表现出的新特点的理解和判断。只有在对于产业现状和技术创新战略特征深刻理解的基础上，才能够有效引入"生态系统"的视角，不然就会陷入"形而上学"的简单类比过程中。

在政策启示方面，需要理解创新生态系统的内涵，以此制定科技政策。例如，创新生态系统不同于产业创新系统和部门创新系统。产业创新系统的侧重点在于做大企业，所以政策目标在于有竞争力主体的构建；部门创新系统强调主体互动、功能完整性的创新经济，所以政策目标在于公共知识、技术、服务平台的建设；创新生态系统是一个开放、共同参与的概念，所以政策目标不能只倾向于资源对大企业的集中，因为大企业并不能决定创新生态系统的有效性，大唐的 TD 项目便是一个资源向大企业集中的例子。对于创新生态系统，政策目标在于生态治理规则的建立。

五、现有产业技术创新生态系统研究的评价

综合考虑前文的论述，现有产业技术创新生态系统研究存在如下问题。

（一）概念模糊，内涵界定不清楚

因为生物类比方法应用科学性的要求，现有产业技术创新生态系统的相关研究中经常混淆了产业创新系统、企业生态系统、商业生态系统等概念，因为这些概念都涉及"网络"的研究。因此，需要进一步的理论研究，以在新的生态系统视角下明确界定产业技术创新生态系统的内容，即"是什么"的问题。

（二）研究缺乏产业情境

产业技术创新系统是一个新的理论和概念，对于产业技术创新系统的研究明显缺乏具体产业联系，使得理论研究脱离了实际产业基础。现有的一些理论研究虽然涉及电信等信息技术产业背景，但产业技术创新系统作为一个新的理论范式，需要更加广泛的产业联系和基础。下一步的理论研究中，需要明确理论的研究对象，即对话"什么产业"的问题。

（三）技术创新范式不确定

现有产业技术创新系统研究是在生态系统视角下的技术创新战略研究，究竟能够为技术创新研究的发展带来何种具体的战略范式，在新的视角下，企业或者产业技术创新战略应该如何实施，这些问题都还不是很清晰。在未来的理论研究中，需要明确"如何做"的问题。

（四）缺乏政策制定的有效性

现有产业技术创新系统研究还不能够为产业政策的制定提供有效的建议。根据生态系统视角，产业政策如何制定才能促进创新环境的建设，从而降低技术创新的风险，加快技术成果的产业化和市场化。

(五) 研究内容有模糊化的趋势

企业管理研究的对象从企业到产业, 从个体到网络, 从网络到生态系统, 研究的对象和问题越来越复杂。产业技术创新生态系统正反映了这种趋势, 并认为生态系统有动态演化的特性。在此研究视角下, 研究者引入了自组织理论、复杂系统理论、耗散理论等概念, 使得产业创新系统研究越来越复杂化, 内涵和边界越来越不清楚。在未来的研究中, 需要逐步厘清理论脉络, 选择合理的研究方法, 以清晰、明确的理论思路指导产业政策制定和技术创新实践过程。

六、未来研究方向和内容

产业技术创新生态系统的研究, 需要紧密围绕科技创新政策、现实产业基础和创新生态理论体系三个维度, 其未来研究内容主要包括如下几个方面:

(一) 产业技术创新生态系统问题的提出

在现阶段, 我国产业发展特点正在发生新变化, 根据产业新特点的要求, 需要在产业技术创新理论研究中引入生态系统的研究视角, 以揭示产业创新生态系统的一般规律。

首先, 产业竞争表现出新的特点。产业内部的竞争体现出生态学的特点, 从单一产品模式和同类企业间的竞争, 发展为以平台和技术标准为代表的企业种群与种群生态系统之间的竞争。

其次, 新的技术创新范式正在形成。产业创新系统正在由传统的线性创新、网络化创新, 向整个商业生态模式的创新转化, 从技

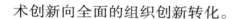

术创新向全面的组织创新转化。

再次，产业的发展体现出演化特征。对于企业战略选择而言，不再仅仅是静态产业环境中进行定位和选择，而是侧重于产业构架的治理，体现出与产业结构共同演化的特征。

最后，对于科技创新政策的新要求。产业政策目标不再是规模要求，而是良好产业生态系统的培育和建立。

在这些思考的基础上，未来研究需要从创新生态系统的视角理解产业技术创新的发展过程以及一般规律，明确产业技术创新生态系统的发展现状与特征、作用机制、构建过程、政策有效性等内容。

（二）产业技术创新生态系统的内涵与外延研究

对于产业技术创新生态系统的内涵与外延研究，具体包括产业技术创新生态系统的定义、结构、层次、特征等内容。

首先，理论维度的刻画。关于如何刻画产业技术创新生态系统的内涵，可以从以下三个方面来理解：

（1）产业情境的维度。从产业的动态形成，例如新兴产业的发展理解产业技术创新体系的建立。

（2）竞争特征的维度。产业内部的竞争不再局限于企业和企业之间，而是生态系统和生态系统之间的竞争，种群和种群之间的竞争关系。

（3）创新特征的维度。产业技术创新范式呈现出以"平台"为中心的特征，生态系统的成员可以利用技术平台、工具平台或服务平台提升自身的绩效水平。

其次，研究内容的变化。关于产业组织理论的研究内容，从产业创新到部门创新，再到生态系统创新，研究内容发生了变化。

产业创新研究强调经济因素，侧重产业内部主体之间的经济关系研究，目的在于构建有竞争力的主体；部门创新系统强调社会因素，侧重产业内部主体之间的非经济关系研究，例如创新主体之间的互动过程和非线性创新过程；创新生态系统的研究侧重动态性，包括企业在系统中战略定位的动态性，以及产业构架治理的共演特征。

最后，演化过程的描述。在以往的研究中，并没有说明如何建立创新生态系统，及其是如何演化的。为了描述产业技术创新的建立和演化过程，我们需要重新理解组织与环境的关系，以及产业发展的演化模式。

关于组织与环境的关系。在新的产业环境特征下，组织是否在既定的外部环境下进行战略定位，并展开市场竞争？在产业融合环境下理解企业经营的整体结构，以及形成企业如何在其中发展并取得领导地位的战略管理方法。

关于产业发展的演化模式。在新的产业发展过程中，产业的形成和发展是因为企业群体创新生态系统的发展和推动，在这个过程中企业特征和产业特征互相影响，并在发展的过程中达到平衡状态。例如苹果公司，在此视角下要考虑的问题不仅仅是产品，而是如何构建一个开发者、运营商、投资人和竞争对手都要考虑在内的生态系统，作为系统里的平台领导者，它需要设计协调一种利益分享模式。

（三）产业技术创新生态系统理论研究方法

产业创新生态系统研究方法的构建，主要是采用生态学视角类比价值研究。产业技术创新生态系统理论采用生态学的视角，在结合生物学和组织理论研究的过程中，我们需要正确使用类比（Metaphor）的研究方法，以便于从生物学获得更多的管理启示。类比研究方法的理论功能在于激发各种创造性思维，以取得长期的、系统的研究成果。

关于类比方法在战略管理研究领域的应用，主要通过其对于研究者的类比转换（Metaphoric Transfer）来激发出创造性。通过类比转换，研究者能够从类比"源"采用或者借鉴理论结构和研究规范。Hunt 和

Menon（1995）列举了类比方法的维度：类比源（Source）、本体（Ontology）、概念（Concepts）、理论（Theories）和价值（Values）。例如组织理论研究从生物学借鉴"企业是有机体"的概念，其中，类比源指的是有机体；本体指的是细胞、人体、植物、动物、生态系统、基因等；通过类比形成了组织理论中的生命周期、成长、适应、环境、资源、进化等概念；新理论的发展则包括演化理论、自然选择、适应理论等（见表1–1）。

表 1–1　组织理论中的类比研究

类比源	有机体
类比本体	细胞、人体、植物、动物、生态系统、基因
形成概念	生命周期、成长、适应、环境、资源、进化
新理论发展	演化理论、适应理论

通过类比联系为组织现象提供了新的理解，其通过类比转化刺激新的知识开发。这种转化能够使得组织研究从其他研究领域获得新概念、假设乃至理论。通过类比的方法使我们能够理解 A 领域和 B 领域共享的某种确切属性和联系，这种理解依赖于通过类比转化所揭示的客观存在的相似性，并通过各种假设进行表达（Oswick 等，2002）。

类比研究为我们提供了许多对于组织理解的新视角，其强调客观现象对于创造性思维的启发，而不是简单的、直接的、机械的塑造和形成理论概念及模型，以及进行实证研究。

（四）生态视角下产业技术创新范式研究

关于产业生态系统视角下的技术创新理论研究，生态视角下，技术范式具有多样性和不确定性，技术创新生态系统对于产业发展有什么实践意义，例如如何与各个产业建立具体的联系，促进产业技术创新；企业如何在生态系统中开展技术创新活动等。这些问题需要在产业技术创新系统研究情境下进行详细和具体的探讨。以下几方面因素能够帮助企业确定新的技术创新范式：

首先，在生态视角下，组织所依赖的环境条件和联系得以明确，更容易理解组织理论和技术创新理论。

其次，随着创新生态系统中资源流向的明确，揭示了妨碍技术创新行为的约束、"瓶颈"以及潜在资源的位置，帮助企业形成新的创新战略。

再次，随着企业在创新生态系统中伙伴关系的形成，企业技术创新的重点在于协调各种互补资源。

最后，企业会针对不同的创新生态系统开发不同的运营模式，实施不同的创新战略。例如，在有的系统中，企业是核心企业，采取技术主导战略；在有的系统中是辅助企业，采取技术合作的战略。

在本节的研究中，我们还将逐步整理生态视角下技术创新战略模式，分析生态系统的创新目标与绩效。

（五）产业技术创新系统建设政策支撑研究

在生态视角下，产业科技政策和创新政策的制定需要考虑技术创新的模式、过程、特征，以及科技政策和产业发展政策目标的变化（见表 1-2）。

表 1-2　创新生态系统对于支撑政策的要求

	产业创新模式	创新生态系统
创新的范围	技术创新：线性模型	组织创新：商业模式
创新的过程	内部研发为主	互补企业间的技术联盟
创新的特征	主导技术标准的形成	保持技术多样性和开放性
科技政策目标	集中主导产业	产业构架的治理
产业发展目标	产业规模	良性生态系统的建立

产业技术创新政策如何更加有效，企业如何开展对于产业结构的治理，两者的相互作用如何使得产业发展逐渐成熟，这些问题都需要进行理论和实践上的研究。

考虑到生态视角下政策制定依据发生的变化，科技政策和技术创新政策内容应考虑从财政政策工具支持向以技术平台为主的生态系统建设政策工具转化，强调生态规则的制定。具体的科技创新政策工具可能包括创新平台治理政策、技术联盟治理政策、创新生态治理政策。

（六）产业技术创新生态系统风险管理政策

科技政策和创新政策的实施应有利于创新生态系统内部的企业规避各种风险。对于创新生态系统中的核心企业而言，存在技术发起者的风险、企业间相互依赖的风险、系统整合的风险。只有建立良好的风险管理机制，技术创新生态系统才能够促进产业健康发展。

政策制定者在创新生态系统形成和建立的过程中，需要考虑以下几方面的因素：

第一，组织模式的选择。政策对于创新系统的培育，涉及生态系统的治理机制。一个良好的创新生态系统应该是以主导企业为核心的集中模式，还是分散的开放模式？前者的例子包括大唐电信、苹果、微软等企业，后者则包括 LINUX 和安卓操作系统。

第二，技术锁定的风险。行业内存在一个还是两个，或者多个创新生态系统才能促进产业的良性发展？生态系统多样性具有提高生态系统稳定性的作用，理论上讲，创新生态系统同样具备多样化的基础。

第三，生态系统的风险。创新生态系统包括多个主体之间的协作，在整个生态系统的供应链内，风险会随着产业链传递，并逐渐加大。

七、结论和启示

通过对于相关文献的研究综述，本书提出了产业技术创新生态体系研究的框架和内容：对于产业创新生态系统的研究主要有三方面的理论创新：

第一，有助于重新理解组织与环境的关系。在新的产业环境特征下，组织是否在既定的外部环境下进行战略定位，并展开市场竞争？在产业融合环境下理解企业经营的整体结构，以及形成企业如何在其中发展并取得领导地位的战略管理方法。

第二，有助于重新理解产业竞争的本质。在新的产业竞争模式下，产业内部的竞争不再是以企业为主体的个体间竞争，而是以企业生态种群为主体的群体之间竞争。

第三，有助于重新理解产业发展的演化模式。在新的产业发展过程中，产业的形成和发展是因为企业群体创新生态系统的发展和推动，在这个过程中企业特征和产业特征互相影响，并在发展的过程中达到平衡。

在产业升级和结构调整，以及发展战略性新兴产业的背景下，产业技术创新生态系统研究能够提供如下实践意义：

第一，有助于重新审视我国现有的产业政策，并调整现有产业政策的发展思路。

第二，有助于开展良性产业技术创新生态系统建设，推动产业创新的健康发展。

第三，有助于企业明确在生态环境中技术创新战略，融入有效的互动发展过程。

对于产业技术创新生态系统的研究，本章认为在未来的研究中需要解决以下关键问题和难点：首先，产业技术创新系统的理论体系研究。产业技术创新系统作为一个新概念，需要明确其定义和边界、理论基础、作用机制。

其次，与具体产业结合的创新生态系统类型研究。产业技术创新系统研究必须落实到具体的产业，发现特征明显的类型，讨论其产业含义。

再次，生态视角下产业技术创新范式的研究。从生态系统的视角研究产业技术创新，究竟能够提供一个什么样的新技术发展范式。

最后，如何评价技术创新的效率。

第二章

动态复杂环境下的战略和创新研究趋势

在外部环境越来越动态和复杂的情境下，创新研究需要加强对于战略管理发展趋势的把握和理解。外部环境的动态性变化主要体现为复杂性、模糊性和多义性。复杂性是由职位需求的变化、重叠以及潜在冲突引起的。模糊性产生了新需求的不确定性以及对此的错误理解。多义性容易引起员工的困惑，尤其当工作需求变得多变甚至矛盾时。所以，创新研究者需要关注战略变革过程中研究问题、知识基础、产业环境、研究目标、研究内容的转变。

一、研究问题和范式

战略管理研究主要关注企业层面的绩效，研究企业如何能够利用内部资源和能力并结合外部机会，以提高企业的绩效水平。

战略管理研究关注的核心问题，即企业形成独特"竞争优势"的行为模式是什么？在竞争激烈、模仿盛行的背景下，企业如何保持资源与业绩的差异性？企业如何形成差异化"竞争优势"？战略管理研究主要在于解释企业之间的异质性及其持续性，并试图讨论为什么有的企业缺乏异质性。此外，在明确竞争优势的前提下，还关注和理解企业为什么能够适应外部环境的变化，即战略适应性的研究。

战略管理从产业组织理论和资源基础观两个范式对以上问题进行了回答，产业组织理论强调企业在竞争环境中的战略定位，而资源基础观则强调内部资源对于企业战略的重要作用。综观战略管理研究的发展，其研究内容就像"钟摆"那样，关注的对象在企业外部环境和内部能力两者之间游移。

二、知识基础的扩展

目前，战略管理研究已经从单纯的产业政策研究逐渐向其他相关知识领域延伸。Chakravarthy 和 Doz（1992）认为，战略管理研究包括战略内容和战略流程研究，并根据分析单元（Unit of Analysis）和决策假设两个维度明确了战略研究的内容，以及和其他学科的区别和重叠，如图 2-1 所示。

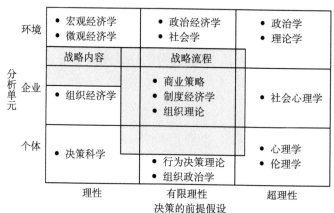

图 2-1　战略内容和流程研究的学科交叉
资料来源：Chakravarthy 和 Doz（1992）。

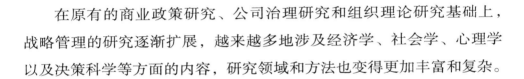

在原有的商业政策研究、公司治理研究和组织理论研究基础上，战略管理的研究逐渐扩展，越来越多地涉及经济学、社会学、心理学以及决策科学等方面的内容，研究领域和方法也变得更加丰富和复杂。

三、产业环境的改变

企业面对的环境趋于复杂化，环境变化非常迅速。

首先，产业竞争表现出新的特点。产业内部的竞争体现出生态学的特点，从单一产品模式和同类企业间的竞争，发展为以平台和技术标准为代表的企业种群与种群生态系统之间的竞争（Adner，2006）。

其次，产业竞争优势的暂时性。例如，陈明哲（2009）从竞争动态的角度理解产业竞争的变化，他认为竞争优势是短暂的、过渡性的，任何企业通过竞争行动所取得的优势，随着时间的变化都将可能被竞争者的反击所抵消。D'Aveni 等（2010）则试图说明这种竞争优势可能持续的时间以及相关影响因素。

最后，产业的发展体现出演化特征。对于企业战略选择而言，不再仅仅是静态产业环境中进行定位和选择，而是侧重于产业构架的治理，体现出与产业结构共同演化的特征。

考虑到技术革新和全球化的影响，企业资源本质上具有动态性，再加上企业战略柔性等因素，战略管理研究的内容主要关注竞争优势来源和其持续性。例如，在企业利润来源增加的条件下，如何降低成本，并寻找和发现潜在的利润。在此目标的要求下，企业在越来越复杂和不确定的环境下进行经营，企业之间的竞争越来越激烈。资源基础观范式的主导作用变得非常明显，它强调组织资源和动态能力的重要性。如表 2-1 所示。

表 2-1　影响战略形成的因素和带来的发展

影响战略形成的因素	带来的发展
未来利润要求 • 限制规模或降低成本 • 寻找未来利润来源	**战略** • 多重竞争优势或能力 • 创新/新产品开发/新业务流程开发 • 联盟和网络
商业环境 • 不确定性 • 全球化 • 竞争加剧	
战略理论 • 资源和能力是竞争优势的基础 • 知识基础观 • 复杂性理论	**结构** • 灵活性和整合 • 模块化组织 • 多维结构 • 信息组织或者自组织
技术环境 • 信息技术的发展	**管理系统** • 知识管理 • 薪酬系统 • 绩效管理 • 人力资本的创造性
社会的要求 • 企业的社会和环境责任 • 伦理和公平 • 企业存在意义	

四、研究目标的变化

除了追求财务绩效，战略管理研究对于企业和产业都提出了新的要求。

对于企业而言，要求组织战略目标的多元化，同时考虑众多利益相关者——客户、员工、社会、股东的利益（见图 2-2）。企业存在的合法性，首要前提是能提供正确的客户价值，进而对客户负责、对员工负责、对社会负责、对股东负责。一些发生过危机的企业，究其根源，无不是在追求企业绩效目标时违背了客户→员工→社会→股东这一顺序。

对于产业政策的要求而言，产业政策目标不再是发展规模的要求，而是着重强调良好产业生态系统的培育和建立。

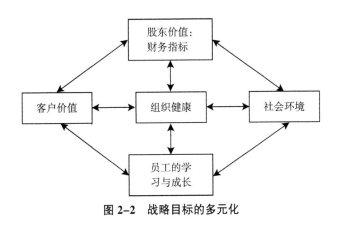

图 2-2　战略目标的多元化

五、研究内容的变化

复杂动态环境条件也影响着战略管理的研究内容和分析层次。

就战略管理研究内容而言，例如在跨国战略研究中，有学者研究腐败与国际化的关系（Spencer 和 Gomez，2011），跨国企业对于危机的应对（Oh 和 Oetzel，2011），外部冲击对于跨国企业绩效的影响（Li 和 Tallman，2011）等。

就研究层次而言，战略管理的研究也不能仅仅停留在企业或组织层面，必须同时考虑组织和人的因素，深入企业内部进行研究，因为企业毕竟是由不同的人组成的。战略管理的目标不仅仅是原来的单绩效目标转向多绩效目标，也需要同时考虑企业的健康状态以及组织与环境的和谐性特征。组织研究的层级从原来的个人、团队和组织研究转向以考虑决策过程中资源和知识分布的特征，这种分布特征要求从原来强调集权和控制的组织特征转向强调各部门和层级的协调组织特征转换，组织结构多维度化，需要分散授权以及清晰的责任。组织也由原来的设计特征转变为自组织特征，如表 2-2 所示。

表 2-2　战略的未来发展对于组织设计的要求

以往组织设计要求		未来组织设计要求
强调控制	⇒	强调协调
单绩效目标	⇒	多绩效目标
集中决策特征	⇒	按相关知识分布决策
简单结构，统一命令	⇒	多维结构、分散授权、清晰责任
组织的设计特征	⇒	自组织特征

六、研究的前沿问题

具体而言，当前战略管理研究主要关注三个方面的主题：变革与生存、全球资源整合、领导者的作用。

首先，在目前复杂和动态竞争环境下，变革与生存是企业追求的基本目标。企业只有不断进行技术创新、持续学习、建立动态能力，才能够实现战略变革和生存的目标。技术创新是企业进行变革和获得生存的条件之一，而目前新的技术创新范式正在形成。产业创新系统正在由传统的线性创新、网络化创新向整个商业生态模式的创新转化，从技术创新向全面的组织创新转化（Eisenmann 等，2011）。除了进行创新，组织学习的研究也认为，有效的产业学习环境能够帮助企业建立异质性（Balasubramanian 和 Lieberman，2010）。Helfat 和 Winter（2010）则从动态能力的角度探讨在持续变化环境中企业战略的制定和选择。动态能力增加了企业在创新活动中的机会识别（Ma 等，2011）。

其次，在经济全球化条件下，企业必须进行全球资源整合。企业不得不面对国际化的竞争环境，企业必须能够建立自己的资源网络，并积极实施国际化战略（Li 和 Tallman，2011）、开展收购与合并（Allatta 和 Singh，2011；Ragozzino 和 Reuer，2011）、建立战略联盟

（Xia，2011）、发展伙伴关系（Yu 等，2011）等战略活动。例如，Joshi 和 Nerkar（2011）强调战略联盟对于企业创新战略的重要作用，在联盟和并购活动进行的过程中，企业可以通过网络联系获得动态能力（Mahmood 等，2011）。

　　最后，在企业获得竞争优势的过程中，领导者的作用应受到重视（Tuggle 等，2010；Fong 等，2010）。Dowell 等（2011）研究了在金融危机过程中董事会和 CEO 对于企业的关键作用。因为 CEO 是企业的实际领导者，所以研究者也认为必须了解那些导致 CEO 被解雇的主要原因，以减少领导者离职对于企业的负面影响（Wiersema 和 Zhang，2011）。

第三章

平台战略研究①

　　平台正在成为一个普遍的市场或行业组织形式，拥有一个成功的平台是企业获得竞争优势的主要来源，但是对于双边网络以及平台市场的战略管理含义很少有学者进行深入研究。目前在学术领域，平台战略的研究主要还是基于经济学的概念和分析方法。本章的目的主要在于通过对平台战略相关文献的综述分析，在战略管理领域引入平台战略的研究视角。本章首先回顾了平台战略的定义和与之相关的性质特征；其次分析了平台战略的实施，以及平台市场的进入战略；最后得出了一些管理学启示。

---

　　① 本文已由《经济管理》杂志发表，作者是中国社会科学院工业经济研究所研究员张小宁。

一、平台与网络效应

（一）平台的定义

双边市场里联结不同用户群的产品和服务称之为"平台"（Platform），例如电脑操作系统、门户网站等，这些平台都是把两个不同的用户群体联系起来，形成一个完整的网络，并建立了有助于促进双方交易的基础架构和规则。虽然平台战略多应用于 IT 行业，但是平台的形式非常多样化，例如基于实体产品的信用卡服务，提供服务场所的大型购物中心，或者电子商务网站。

大量的行业通过涉及多边行为契约的平台形式来实现有效组织（Iansiti 和 Levien，2004；Eisenmann，Parker 和 Alstyne，2006；Boudreau，2010）。与传统的组织形式不同，平台市场通常是双边市场，因为平台的提供者必须协调用户和供应商之间的关系。

在平台市场中，用户之间的互动会受到网络效应的约束（Gawer 和 Cusumano，2002；Rochet 和 Tirole，2003；Eisenmann，Parker 和 Van Alstyne，2006；Evans 和 Schmalensee，2007），平台市场构成了全球经济中份额较大、增长较快的部分，例如集装箱海运、信用卡、购物中心、交易市场、网络搜索服务等。

随着技术的发展，近年来双边网络平台市场发展迅速，人们不仅创建了一些全新的平台（例如把广告主与网络搜索用户联结起来的谷歌），而且把一些传统的业务改造成了平台（例如电力零售市场正在演变为把消费者与特定发电厂商匹配的平台，能让消费者自由选择是使用价格较低的火电还是价格较高的可再生电力）。

（二）网络效应：平台优势的来源

两个用户群体（即网络的"双边"）通过一个或多个被称为"平台提供者"（Platform Provider）的中介进行互动（见图 3-1）。例如信用卡，打通了消费者和商家两个群体之间的联系。除此之外，报纸、电脑操作系统也是如此，它们的服务对象被经济学家称为双边市场（Two-sided Market）或者双边网络（Two-sided Network）。

图 3-1　双边网络平台的结构

平台市场最主要的特征是其网络效应，这种网络效应产生自平台的消费者需求和服务提供者需求之间的相互依赖。平台的服务提供范围越广，越会导致更多的消费者需求，反之亦然。一些学者认为，因为网络效应的存在，平台能够通过吸引越来越多的消费者和服务提供者，即使最初平台的质量弱于竞争对手，它也能够随着时间的积累而完全占领市场（Wade，1995；Schilling，1999，2003；Shapiro，1999）。

表 3-1　双边网络平台市场

市场	A 边	平台	B 边
操作系统	计算机用户	Windows，Macintosh	应用程序开发商
在线拍卖	买方	eBay	卖方
视频共享	观众	Youtube，土豆网	视频剪辑者
在线约会	单身男性	百合网	单身女性
信用卡	持卡人	Visa，MasterCard	商户
股票交易市场	股权购买者	NYSE，NASDAQ	上市公司
招聘网站	求职者	51Job，智联招聘	雇主

在双边网络效应的作用下，平台对于任何一个用户群体的价值，在很大程度上取决于网络另一边用户的数量。平台对网络两边的用户

需求匹配得越好，价值越大。比方说，电子游戏开发商只会为那些玩家已经超过一定数量的平台开发游戏，因为开发商需要一个足够大的顾客群才能够收回前期投入的开发费用；反过来，游戏玩家喜欢的是那些能提供众多游戏的平台。

由于网络效应的作用，成功的平台将享有递增的规模收益。由于用户愿意为更大的网络支付更高的价格，因此，用户基数越高，平台的利润率越高。这一点使得网络平台不同于大多数传统的制造和服务企业。

二、平台战略研究

平台市场和平台战略的相关研究主要采取经济学的研究视角和分析方法来定义平台市场以及解释为什么已有的平台市场难以替代。战略管理学者很少关注平台战略的研究。平台市场研究的兴起主要受到微软公司反垄断案例的启发，一些产业组织经济学者开始研究商业领域的各种平台现象（Parker 和 Van Alstyne，2000，2005，2010；Rochet 和 Tirole，2003；Evans，Hagiu 和 Schmalensee，2006）。

按照市值排序，在世界 100 家最大的企业中，至少有 60% 的企业一半收益来自于平台市场（Eisenmann，2007）。Stabell 和 Fjeldstad（1998）认为，平台可以创造价值，因为平台具有极大的经济重要性，是具备范式特征的价值创造资产。我们相信平台市场和平台战略对于战略管理学者而言是非常重要的研究内容。

Zhu 和 Iansiti（2012）解释了平台市场的经济学含义。他们通过分析平台市场中的网络效应、平台提供者的收益分析、范围经济等内容，决定如何采用绑定（Bundling）、价格歧视等策略实现平台市场的进入。

对于平台战略的研究，首先是经济学视角下的平台战略的实施。经济学家主要关注在同时存在跨边效应和同边效应情况下平台的定价问题。其次是产品创新的平台战略研究。产品创新和开发研究主要关注产业技术创新范式呈现出以"平台"为中心的特征，系统的成员可以利用技术平台、工具平台或服务平台提升自身的绩效水平。最后是平台包围战略。平台包围战略也是一种平台进入战略，但其不同于创新视角下的平台进入战略，包围战略塑造了平台市场的发展。

表 3-2　平台战略相关研究

研究者	平台市场	研究对象：消费者或服务提供者
Shurmer（1993）	电脑软件	消费者
Basu、Mazumdar 和 Raj（2003）	CD	消费者
Clements 和 Ohashi（2005）	视频游戏机	双方
Corts 和 Lederman（2009）	视频游戏机	双方
Cottrell 和 Koput（1998）	计算机	消费者
Dranove 和 Gandal（2003）	DVD	消费者
Gandal 等（2000）	CD	双方
Gupta、Jain 和 Sawhney（1999）	数字电视	双方
Nair 等（2004）	PDA	双方
Ohashi（2003）	VCR	消费者
Park（2004）	VCR	消费者
Rysman（2004）	电话黄页	双方
Shankar 和 Bayus（2003）	视频游戏机	消费者
Stremersch 等（2007）	9 种市场	双方
Venkatraman 和 Lee（2004）	视频游戏机	双方

资料来源：Zhu 和 Iansiti，2012。

（一）平台战略的实施

虽然平台提供者发现平台市场具有很大的潜力，但在建立和维持双边网络方面还是存在很大困难，因为平台规则的制定必须符合所在行业的特点。一些经济学者认为，在设计平台的商业模式时，关键的因素是考虑如何定价。双边网络平台的提供者可以从网络两边都获取收入。然而，在大多数情况下，比较明智的做法是对其中一方进行补贴。双边网络的平台提供者必须为每一边制定价格，同时要考虑这个价格对另一边的增长和支付意愿的影响。

平台表现出两种类型的网络效应：一种是同边效应，即网络一方用户数的增加导致这个网络对于同一方用户的价值升高或降低；另一种是"跨边效应"，即网络一方用户数的增加导致这个网络对于另一方用户的价值升高或降低。定价方法的目的在于创造"跨边"（Cross-side）网络效应：如果平台提供者能吸引足够多的补贴方用户，那么赚钱方就愿意为接触这些用户支付可观的费用；反之亦然：赚钱方的存在，增加了平台对补贴方的吸引力，因此人们会更加踊跃地投奔这个平台。作为拥有双边定价权的平台提供者，它所面临的挑战是决定在多大程度上通过补贴手段促使一方用户群体的壮大，同时弄清楚另一方为了获得接触这个群体的机会而愿意支付多高的溢价。

由于"同边"网络效应的存在，定价问题变得更加复杂。所谓同边网络效应，就是某一方用户增多会导致更多的用户加入这一方。比方说，使用 Play Station 游戏机的人越多，新用户与朋友交换游戏或者打联机游戏时找搭档越容易。

Eisemann、Parker 和 Alstyne（2006）认为，平台的定价必须仔细思考以下几个因素：①获得跨边网络效应的能力。如果你的补贴方能够与竞争对手的赚钱方进行交易，那么你提供的"免费午餐"就得不偿失。②用户的价格敏感度。对平台提供者而言，通常的合理做法是对价格敏感度高的一方提供补贴，同时对需求会随另一方增长而更快增长的一方收费。③用户的质量敏感度。网络用户的哪一方对质量更加敏感，通常你就应该给这一方提供补贴。④产出成本。如果补贴方每增加一个新用户，给平台提供者增加的成本微乎其微，那么定价决策就会简单得多。⑤用户的品牌价值。双边网络中的用户并不都是生

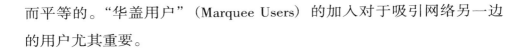

而平等的。"华盖用户"（Marquee Users）的加入对于吸引网络另一边的用户尤其重要。

（二）平台创新战略

从产品创新和开发的角度看，Robertson 和 Ulrich（1998）进一步拓展了产品平台概念，认为产品平台是一个产品系列共享资产的集合，这些资产可以分为四类，即零部件、工艺、知识、人员与联系。平台战略要具有比较好的操作性，则要求产品平台既具有广泛的适应性，又不囊括过多因素。产品族是共享一个产品平台的一系列产品。它以产品平台为基础，不断扩展和衍生，是企业推向市场的最终产品。同一产品族包含的产品越多，越能满足市场的多样化需求。Meyer（1998）提出平台方法对核心能力与市场的整合。平台战略成功的关键在于，产品平台能否整合企业能力与市场需求。

产业技术创新范式呈现出以"平台"为中心的特征，系统的成员可以利用技术平台、工具平台或服务平台提升自身的绩效水平。例如，软件公司可以使用微软的开发工具设计基于视窗操作系统的程序，或者说这些软件公司一直为微软提供平稳的新应用程序产品。英特尔和微软都是各自创新生态系统的核心企业和领导者（Moore，1993）。Iansiti 和 Richards（2006）认为在创新生态系统中，平台提供者扮演着关键角色，加强了创新成果。以平台为中心的创新系统强调网络价值，而不是产品价值（Hearn 和 Pace，2006）。

Christoph 等（2009）认为，服务创新系统是由多个主体围绕创新空间开展的协作活动，如图 3-2 所示。

王毅和袁宇航（2002）认为，平台战略对于产品创新的效益体现在三个方面：第一是市场空间扩大与市场占有率提高；第二是开发成本降低；第三是制造成本降低。

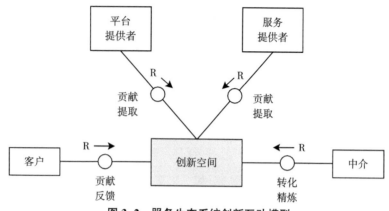

图 3-2　服务生态系统创新互动模型

资料来源：Christoph 等（2009）。

（三）平台进入战略

因为网络效应和转换成本，平台市场的新进入者必须提供革命性的功能创新才能够获得较大的市场份额。功能的创新和平台的质量是平台进入战略成功的必要条件。

在平台市场中，强网络效应和高转换成本使得平台服务提供者能够避免潜在进入者的威胁和竞争（Farrell 和 Saloner，1985；Katz 和 Shapiro，1985；Klemperer，1987）。为了克服进入壁垒，新平台提供者必须能够提供革命性的服务和功能（Henderson 和 Clark，1990；Bresnahan，1999）。基于这些原因，Evans 和 Schmalensee（2001）认为平台市场经常呈现出"胜者全得"（Winner-take-all）的竞争方式，总是更加优越的新平台代替老平台，例如索尼公司的 Play Station 游戏机对于任天堂（Nintendo）超级娱乐系统（Super Nintendo Entertainment System，SNES）的替代。

Zhu 和 Iansiti（2012）认为，平台的质量、网络效应和消费者的预期是影响新进入者能够取得成功的关键因素，并采用微软公司 Xbox 的市场进入案例说明了这三个因素的作用。

一些学者认为，在与现有平台的竞争过程中，新进入者难以获得相应的市场份额和竞争优势。争论的主要问题在于平台市场中网络效应的相对重要性、平台质量和消费者预期。网络效应是平台市场的重要特征——正向跨边效应的存在，即双边网络的双方能够互相促进。另外一些学者则认为，正是因为网络效应的存在，即使一个新进入者也能够吸引越来越多的用户和服务提供者，随着双边市场的扩大，如果平台质量优于现有平台，则新进入者能够完全占据整个平台市场。相比较而言，一些学者认为平台市场的质量是非常重要的，正如传统市场那样，更具创新性的后进入者能够胜出（Liebowitz 和 Margolis，1994，1999；Rangan 和 Adner，2001；Suarez 和 Lanzolla，2007；Tellis，Yin 和 Niraj，2009）。Evans（2003）发现，许多平台市场的早期进入者并不能够保持他们的领先地位。还有学者认为，消费者对于新进入者未来市场份额的预期也决定了新进入者能否获得成功。

新进入者成功的关键主要在于两个因素：网络效应的强度和消费者预期（Zhu 和 Iansiti，2012）。当这两种因素低于一定的阈值，具备质量优势的新进入者则能够获得相应的市场份额和竞争优势。

双边网络行业的竞争会异常激烈。居领先地位的平台会倚仗利润率高于对手的优势，加大研发投入或者降低价格，把相对弱小的对手逐出市场。因此，成熟的双边网络行业通常是由少数几个大型平台主宰的（如信用卡行业）。在某些极端情况下，可能只有一家公司最终胜出，垄断整个市场（如个人电脑操作系统）。双边网络行业中规模收益的递增趋势，会刺激各家企业发动"胜者全得"的激烈竞争。因此，一家有远大抱负的平台提供者必须慎重考虑，是和竞争对手共享平台，还是和竞争对手拼个你死我活。

各个平台市场也体现出不同的动态特性，使得平台市场的竞争具有不确定性。在一些平台，市场先行者能够成功击败新进入者的挑战，例如 eBay 对雅虎拍卖网站，Youtube 对 Google Video 的竞争。在另外一些市场，后来者能够占据市场领先地位，例如谷歌搜索引擎和 Visa 信用卡。

（四）平台包围战略

Eisenmann，Parker 和 Van Alstyne（2011）认为，除了依靠创新，平台包围（Platform Envelopment）也是一种有效的平台市场进入路径和策略。通过平台包围策略，平台提供者能够进入新的平台市场，通过多平台绑定的方式利用和分享平台用户资源，这样包围者就能够利用保护原有平台的网络效应。

所以，成功的平台仍然会面临巨大危险。如果相邻市场的平台提供者进入原有的平台市场，原有的平台就有可能被包围（Enveloped）。因为不同平台的用户群经常相互重叠，已经积累起用户关系资源的平台提供者，很容易也很可能会吞并另外一个平台的网络。如果新的竞争对手将多个平台捆绑在一起，把原有的平台功能囊括其中，会给原有单一功能平台带来实质性的冲击。当单一平台的用户发现多平台提供的功能更多，而且价格更低时，则会转投新平台。单一平台相对多平台的竞争力非常有限，因为它既不能降低服务价格，也不能组建一个能与之匹敌的多平台。在许多情况下，被包围的单一平台除了退出竞争之外，几乎别无选择。

在 IT 行业领域的网络市场，技术发展特征明显，经常会出现平台之间相互包围的机会，从而使市场边界变得非常模糊。例如，手机已经集音乐和视频播放器、个人电脑，甚至信用卡的功能于一身。

Eisenmann，Parker 和 Van Alstyne（2011）认为，基于包围和被包围平台的关系（例如互补关系、弱替代关系，或者功能完全不相关），对于包围策略进行分类，描述包围策略的战略动机。

基于两个平台是否互补、弱替代，或者功能不相关，可以分析何种条件下进攻者能够获得成功。例如两个平台市场用户的重叠，或许采取了类似的平台构架。包围策略使得新进入者能够通过绑定平台功能的形式进入原有的平台市场，并利用共享的用户关系和平台构架。例如腾讯公司的 QQ 通信平台发展为 QQ 游戏平台，这种转变的成功主要是因为两个平台面对着相同的客户以及相同的技术平台。主导平台则通过强网络效应和高转换成本来规避新进入者的包围策略。

Eisenmann，Parker 和 Van Alstyne（2011）列举了微软公司对于 Real Networks 公司的平台包围来说明如何实施这种战略。Real Networks 公司在 1998 年占据了媒体播放平台 90% 的市场份额。微软公司通过免费提供其媒体播放器（Windows Media Player，WMP），并将其与视窗操作系统进行绑定。微软媒体播放器并没有提供任何额外的增值功能，然而两者的用户群是完全重叠的。消费者和内容提供商发现微软的视窗操作系统绑定的媒体播放器更加便于应用，最终 Real Networks 失去了大部分的市场份额。

包围战略是一个非常广泛的现象，并作为一个强有力的战略，塑造了平台市场的发展。其他的例子有苹果公司的 iPhone/iPad 平台向手持游戏机、电子书、个人数据服务等平台实施包围战略。同时，谷歌也通过包围战略进入了许多平台市场，例如在线支付（Google Checkout）、网页浏览器（Chrome）、移动操作系统（Android）等。

三、评价和启示

目前，学者多采用经济学的分析方法对于平台市场展开研究（Zhu 和 Iansiti，2012），而研究情境多选择平台市场发展较为成熟的 IT 行业。在未来的研究中，采用战略管理的相关理论理解平台市场和与之相关企业的成长，将有助于拓展平台市场研究的理论基础。平台市场的研究情境也应该从 IT 相关领域向其他行业进行拓展，除了信息技术产业，平台战略如何指导其他行业，尤其战略性新兴产业的发展。理论基础的拓展，以及行业实践意义的加强，将使得平台市场和平台战略的研究具有更大的空间。

第一，平台市场与战略管理研究的联系。平台市场在全球经济发展中起到了非常重要的作用，并且平台代表了一个基本的价值创造形式（Stabell 和 Fjeldstad，1998）。在战略管理研究领域，资源基础观作为一个主导的研究范式（Wernerfelt，1984；Barney，1991；Amit 和 Schoemaker，1993；Peteraf，1993），更加注重在传统制造领域中那些与技术或者资源相关的价值创造方式，例如价值链的整合等。战略管理研究很少考虑如何把资源基础观的相关概念应用到平台市场研究中。一些资源基础观的研究提到，用户群可以作为一种有价值的资源。按照此种观点，并结合网络效应，平台可以积累大量的用户基础，并创造和传递更大的价值。考虑到网络效应的正向反馈作用，平台的成长是一个良性循环的过程。

在平台成长的过程中，网络效应起到了重要作用。资源基础观认为，有价值的"资源"有利于企业的市场进入（Wernerfelt，1984；Dierickx 和 Cool，1989；Barney，1991）。平台战略与这一逻辑相符：通过实施平台包围战略，获得相应的用户基础，并使网络效应极大化。例如 QQ 通信和 QQ 游戏有着相同的用户群，这正是平台的有价值资源。如果用户基础可以作为一种有价值的资源，那么管理平台以及实施平台战略的过程则可以被看作一种动态能力。动态能力可以结合资源，以产生新的价值创造战略（Eisenhardt 和 Martin，2000）。微软、苹果、谷歌在一系列的多平台绑定战略过程中，有可能会形成这种绑定战略的"惯例"（Routine），例如跨部门的协调方式，这些能力在完成对目标平台包围的过程中起到重要的作用。

第二，平台战略在其他行业的应用。平台市场的形式非常多样化，例如基于实体产品的信用卡服务，提供服务场所的大型购物中心，或者电子商务网站。基于研究对象获得性的便利，多数研究者采用信息通信行业的案例对平台战略进行理论研究。平台市场和平台战略的概念如何应用到其他相关的行业，有助于提升其研究意义。例如在战略性新兴产业，如何采用平台市场和平台战略的相关理论，注重行业发展的生态性与系统性，发现行业发展的关键节点，支持战略性新兴产业的发展。

第三，用户端对于平台创新的贡献。现有的平台战略理论研究认为，用户是产生网络效应的基础，用户群的增加促进了平台的成长。创新作为保证平台质量的一个重要条件，其实施的主体主要是平台提供者以及服务提供者。但是在现实的平台市场中，用户对于创新的贡献和作用越来越重要。例如维基百科作为一个百科全书平台，除了平台背后固定的编辑团队，用户对于每个词条都可以考证和修改。在智能电网平台中，分布式能源的概念也把用户作为一个重要的创新对象。在未来的研究中，平台战略需要考虑用户对于平台创新的贡献。阿里巴巴作为一个电子商务平台，已经开始认识到用户创新的重要性。B2C 标准模式是传统工业经济时代的运作模式，随着未来互联网的发展，消费者的声音越来越强，未来的价值链第一推动力会来自于消费者，而不是厂家。未来的商业模式定制会是主流，它的要求是个性化需求、多品种、小批量、快速反应、平台化协作。

第四，政策制定和实施的有效性。在平台视角下，产业科技政策和创新政策的制定需要考虑技术创新的模式、过程、特征，以及科技政策和产业发展政策目标的变化。

|第二部分|

政 策 篇

| 第四章 |

创新型企业研发支撑体系构建和激励政策

　　构建研发支撑体系，能够有效提升创新型企业的核心竞争力。经过多年的自主创新实践，我国创新型企业逐步形成了自己的创新体系和创新方法，并有效提升了企业的竞争力。需要注意的是，一些企业对于创新研发支撑体系的理解还存在一定的误区。企业研发支撑体系不应是"资料室"，不应是"修理厂"，更不应是"情报站"，而是企业围绕研发活动建立的一整套组织机构和系统，是创新型企业区别于一般企业的基础。创新型企业研发支撑体系是为了完成创新目标，对于企业内外部创新资源的有效组织方式。

　　创新型企业所处的产业环境不同，影响着其研发支撑体系的确定，并衍生出不同的研发支撑体系和模式。构建创新型企业研发支撑体系需要明确其定义、构成要素、现有模式及发展，以及选择机制等问题。推进创新型企业研发支撑体系建设，一方面需要政府更好地扮演政策制定者的角色，另一方面要求企业充分发挥研发创新主体的作用。创新型企业要保持创新优势，必须建立和整合研发支撑体系，使各支撑要素实现协同效应，并且对该体系进行持续改进和升级。政策制定要因势利导，针对企业创新体系的发展现状和演变趋势，激励和引导创

新型企业构建并完善研发支撑体系。

本章的研究目的主要在于明确创新型企业研发支撑体系的构成要素及功能，并根据现有的创新型企业案例进行挖掘和提炼，总结研发体系主要支撑模式及其演变趋势。最后，在相关案例研究的基础上，针对当前我国创新型企业研发支撑体系现状存在的不足与问题，提出进一步完善体系建设的整体思路，以及分别针对政府和企业的具体建议。

一、创新型企业研发支撑体系的定义和构成

国内外学者对创新型企业的概念进行了大量界定和研究，其视角基本上可以概括为创新绩效（Lumpkin 和 Dess，2001；田波等，2007）、创新能力（牟宗艳，2005；李维胜，2011）、企业文化（夏冬，2003）和企业行为（陈斌，2010）4 个不同的维度，本文对国内外有关学者关于创新型企业的定义进行了归类和比较，如表 4-1 所示。

一些学者提出了创新型企业研发支撑体系的概念。例如，魏子衡（2002）认为，创新型企业创新支撑体系要提供有利于创新活动顺利进行、有利于克服创新过程中可能会出现的障碍的广泛的支撑要素。具体包括知识支撑、信息支撑、技术支撑、文化支撑等方面。李建军（2008）认为，高新技术企业自主创新的支撑要素是创新理念、技术能力、人力资源、资金和外部环境五个方面，它们相互作用，共同构成高新技术企业自主创新支撑体系的主体。刘勇（2011）认为，科技支撑体系是由科技资源投入，经过科技组织运作，形成符合经济和社会发展需要的科技产品的有机系统，包括科技投入、科技组织（例如科研院所、中介机构、科技园、科技部门）和科技产品。

表4-1 创新型企业的定义

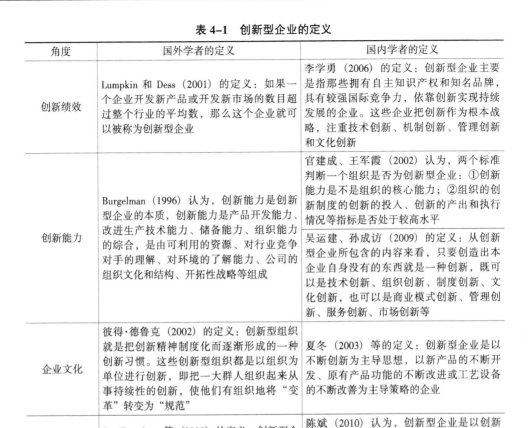

角度	国外学者的定义	国内学者的定义
创新绩效	Lumpkin 和 Dess（2001）的定义：如果一个企业开发新产品或开发新市场的数目超过整个行业的平均数，那么这个企业就可以被称为创新型企业	李学勇（2006）的定义：创新型企业主要是指那些拥有自主知识产权和知名品牌，具有较强国际竞争力，依靠创新实现持续发展的企业。这些企业把创新作为根本战略，注重技术创新、机制创新、管理创新和文化创新
创新能力	Burgelman（1996）认为，创新能力是创新型企业的本质，创新能力是产品开发能力、改进生产技术能力、储备能力、组织能力的综合，是由可利用的资源、对行业竞争对手的理解、对环境的了解能力、公司的组织文化和结构、开拓性战略等组成	官建成、王军霞（2002）认为，两个标准判断一个组织是否为创新型企业：①创新能力是不是组织的核心能力；②组织的创新制度的创新的投入、创新的产出和执行情况等指标是否处于较高水平 吴运建、孙成访（2009）的定义：从创新型企业所包含的内容来看，只要创造出本企业自身没有的东西就是一种创新，既可以是技术创新、组织创新、制度创新、文化创新，也可以是商业模式创新、管理创新、服务创新、市场创新等
企业文化	彼得·德鲁克（2002）的定义：创新型组织就是把创新精神制度化而逐渐形成的一种创新习惯。这些创新型组织都是以组织为单位进行创新，即把一大群人组织起来从事持续性的创新，使他们有组织地将"变革"转变为"规范"	夏冬（2003）等的定义：创新型企业是以不断创新为主导思想，以新产品的不断开发、原有产品功能的不断改进或工艺设备的不断改善为主导策略的企业
企业行为	Jan Fagerberg 等（2008）的定义：创新型企业就是在把有价值的技术变革成果转化成商业化产品的过程中，推动形成新产品、新市场、新产业和新增长的企业	陈斌（2010）认为，创新型企业是以创新价值观为核心，整合一切可利用的创新资源，以实现技术创新为主，兼顾战略、文化、组织与流程等方面全面协同创新，从而赢得持续竞争优势的企业

资料来源：笔者整理。

综合以上的观点，本章认为创新型企业是指拥有自主知识产权和自主品牌，依靠技术创新获取市场竞争优势并持续发展的企业。创新型企业具有创新型的企业文化、持续的创新能力、持续的创新资源投入和整合能力，并能够取得显著的创新绩效，其创新成果对行业和社会具有辐射带动效果。

创新型企业研发支撑体系是指企业为了获得和保持创新优势及创新能力，取得创新绩效，对企业研究开发活动给予全方位支持的系统，其内容包括研发决策子系统、研发组织子系统、研发资源配置子系统和知识管理子系统，涵盖了与研发相关的决策机制、组织结构、企业文化、流程管理和人力资源、资金、实体资源配备以及制度建设。

企业研发支撑体系是企业中与研发活动及研发资源配置和利用相关的各种机构相互作用而形成的推动研发创新的组织系统、关系网络，以及保证系统有效运行的制度和机制。为了更好地支撑企业中的研发活动，首先，通过决策体系确定企业研发活动的战略、目标，以及所有环节的实施原则和步骤，以保证研发活动及过程的目的性和有效性。其次，需要一个有效的资源配置系统，能够通过资源的合理调配来保证研发活动中充足的资源供给，同时提高资源的使用效率。再次，企业研发过程既会产生新的知识，也需要应用大量企业内部、外部知识，其中包含知识的吸收、转移、应用和创造过程，这离不开知识管理体系对其进行有效管理。最后，若要执行研发决策、调配研发资源、应用和创造研发知识，还需要建立适当的组织架构并营造适宜的组织氛围，这正是组织体系的核心内容。除此之外，一个较为完备的规范体系有助于研发活动中的合作和协同。

所以，一个完备的研发支撑体系，应该是包括决策体系、资源配置体系、知识管理体系、组织体系、标准规范体系的协同运作系统。而且，这个系统中研发活动是中心，其他支撑体系都是围绕研发活动而构建和运作的，如图 4-1 所示。其中，每个代表构成要素子系统的矩形框中，中间以长方形标识该子系统主要的管理运作过程，最下方则提示该系统管理运作的对象。比如，资源配置体系通过资源识别、资源获取、整合利用等运作管理过程，对人员、资金、设备等研发资源进行优化配置、充分利用。需要指出的是，与研发支撑体系其他构成要素不同，构成模型对规范体系的处理略有不同。模型中仅将规范体系中的主要规范列示出来，并放在整个研发支撑体系的外围，以表现规范体系对其他构成要素的支撑作用。

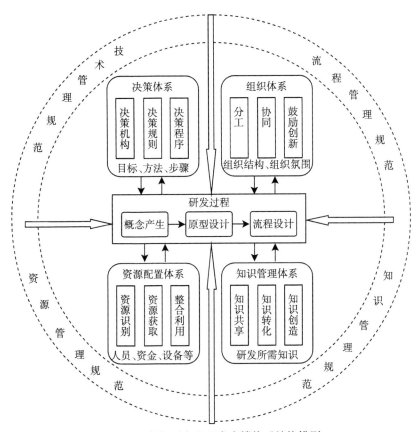

图 4-1　创新型企业研发支撑体系结构模型

资料来源: 笔者整理。

在创新型研发支撑体系中，各构成要素功能独具，发挥着不同的作用。①决策体系是创新型企业研发支撑体系的统领。它决定了资源配置体系如何调配和利用人、财、物等研发资源；决定了组织体系和规范体系的运作及完善方向；决定了知识管理体系的目标和内容。②资源配置体系是创新型企业研发支撑体系的基础。研发资源的拥有与合理配置，既是企业研发活动有效开展的前提基础，也是研发决策的基础，只有结合自身条件和环境做出的适宜决策，才能得到实现。另外，资源配置体系是组织体系和规范体系优化的对象，在组织体系和规范体系的支持下，研发资源配置的合理性和使用效率得到进一步的提高。③组织体系和规范体系是创新型企业研发支撑体系的保障。组织体系是实现研发决策的条件，只有依靠适宜的组织架构和组织氛围，才能使企业的研发理念、研发目标和战略得以实现。与此同时，组织体系和规范体系，也是资源配置体系和知识管理体系实现最优化运营的手段和工具。

在创新型企业研发支撑体系中，各构成要素相互作用，协调配合，提高了企业研发活动的系统性。也就是说，研发支撑体系的各个构成要素会依据创新型企业的研发活动做出系统性调整，以保证研发活动的有序展开。

二、创新型企业研发支撑体系的典型模式

国内的一些学者，对于技术创新的内涵做出了解释（陈劲，2005）。究其根本，技术创新是一个技术经济概念，其核心是科技与经济的结合，其最终结果不仅仅是获得研究与开发成果，而是研发成果的商品化，并取得良好的社会效益。

构建研发支撑体系的目标在于整合调动内外部各种创新资源，促进和提升企业的创新绩效水平（中国创新型企业发展报告编委会，2011）。创新资源可能集中在企业内部，或者分散在企业外部，而创新绩效包括渐进性创新和突破性创新。企业需要通过选择合理的研发支撑模式来完成创新任务，并获取创新能力和竞争优势。

研发支撑体系模式划分只是针对具体的创新任务和目标而言，创新型企业也可能采用混合模式，例如同一个创新项目可能同时进行着渐进性和突破性技术创新，也可能同时利用内部或者外部创新资源。研发支撑体系模式的差异具体表现在组织结构、决策体系、资源配置、知识管理和规范体系等维度。

研发体系是创新活动的基石。根据创新任务和创新资源的不同，我国创新型企业已经构建了不同形式的研发支撑体系。2012~2013 年，课题组受科技部委托调研了超过 20 家创新型企业，其中包括国电集团、中航工业、大连重工·起重、青岛海尔、小米手机等企业。此外，课题组在研究过程中还参考了由李新南、梅萌主编的《中国创新型企业案例》中的部分案例内容。通过大量的案例研究，本章初步总结和整理了如下几种典型的创新型企业研发体系支撑模式。

（一）中央研究院支撑体系

越来越多的大型企业在努力发展创新能力。通过对大型企业的调研，课题组发现，中央研究院模式的研发支撑体系（以下简称"中央研究院模式"）能帮助企业平衡未来技术研究和当前发展需求，提升企业的自主创新能力，在某种程度上能够解决我国企业目前面临的这一创新困境。

中央研究院模式是指由"中央研究院+事业部研发机构"组成的研发体系。在公司层面成立独立的研究院，集中从事对企业长远发展具有战略意义的基础前瞻性研究和当前事业部需要的关键技术及共性技术研究，保留事业部研发机构继续从事面向市场需求的新产品研发，二者通过合理的运行机制实现协同合作，共同组合形成层次清晰、分工合理、紧密衔接的企业研发体系（石书德，2012）。很多国际领先的跨国公司在市场竞争中多次变革研发组织结构，最终纷纷建立了"中央研究院+事业部研发机构"的模式。

中央研究院模式是一种内部集中研发的模式，大多数企业采用这种模式。在这种模式下，创新资源主要集中在企业内部，技术发展轨道比较稳定，渐进性创新是企业追求的主要目标，代表企业如中国石油、国电集团、中航工业等大型国有企业。从决策方式来看，企业多采用科层制或者项目制为代表的组织结构，进行从上到下的线性决策。

企业的创新战略比较明确，企业一般掌握着行业的核心技术，研发的目标明确，资源配置主要围绕项目进行产品和工艺的创新，行业环境与制度环境也相对成熟和稳定。

从创新组织方式来看，内部持续研发模式一般采用独立创新，企业依靠自身力量独立研究开发，攻破技术难关，获得新的有开发价值的技术成果，并独立完成技术成果的商品化过程。在独立创新模式下，技术创新所需的资源（人力、资金、技术等）都由创新单位独自投入，创新项目的管理和运作都由创新单位独自完成。从创新目标看，内部持续研发模式一般针对渐进性创新。

（二）创新合作网络支撑体系

技术发展轨道稳定，企业创新资源分散在外部，则合作网络创新模式能有效提升企业创新绩效。企业把新知识、新技术、企业价值观集成起来，通过跨学科合作的创新行为，形成核心竞争力，从而实现企业经营目标（戴振华，2004）。合作网络创新是提高核心竞争力和保持持续竞争优势的关键。

从组织形式看，联合创新是合作网络研发支撑模式的主要方式。联合创新是指由若干创新主体通过契约等形式实施联合，共同完成的技术创新，其通常以合作伙伴的共同利益为基础，以资源共享或者是优势互补为前提，有明确的合作目标、合作条件和合作规则，合作各方在技术创新的全过程或某些环节共同投入、共同参与、共享成果和共担风险。

如何才能实现基于企业层面的网络集成创新呢？网络创新不再局限于企业内部，而更多的建立在组织和组织间的网络联系以整合资源。网络集成创新的组织运作在兼顾"内部组织集成"与"外部组织集成"的同时，综合起来是着力企业集成创新网络的构建与应用。技术集成创新，是不同单项技术的要素、结构、功能等，通过它们之间非线性相互作用被整合而生成的不同于原单项技术的新技术。集成创新所需要的各项技术来源可能都不具备原创性，但在各项技术的组合模式或整合方法上具备原创性，并通过集成实现了技术方面的新突破和新发展。

以海尔集团的创新体系为例，海尔在全球构建了五大研发中心，这些研发中心分别与当地的科研机构及科研人才保持经常性的联系，有科研需求时可以与这些机构开展合作，或者直接临时雇用一些研发人员。由于整个白电行业技术发展的平稳性，海尔作为行业的"领头羊"，需要整合全球各地的行业技术资源，通过构建全球五大研发中心，与各地的技术创新资源建立一种"虚拟"的组合模式，在产品研发过程中，不断调动和整合这些创新资源，促进企业创新绩效的提升。

此外，中国农机院布局和建设了以国家重点实验室为核心的科研、以战略联盟为稳定纽带的产学研合作、以国家工程技术研究中心为基础的成果转化和产业化、以创新服务平台为支撑的产业服务的"四位一体"创新体系。中国农机院牵头联合 8 家行业骨干企业、4 所重点大学和 3 家地域特色院所，成立了农业技术装备产业创新战略联盟，以契约形式把产学研紧密合作的机制固化，开展重大产品联合攻关、技术辐射和产业化，提升产业竞争力。

总之，合作网络创新支撑模式要求采用网络状的组织结构，即研发总部和各个研发中心之间的网络联系。在决策体系中更多采用整合与协调的方式调动全球行业技术资源，以消除这些分散创新资源之间的弱联系状态，并进行持续的研发投入，不断进行规则与制度的优化和创新。

（三）外部引入研发支撑体系

外部引入模式强调行业关键技术，或者前瞻性技术等源自外部的突破性创新，创新型企业或者从外部机构引入技术，或者通过合作和并购的方式获得技术。外部引入模式是一种技术体系引进的方式，对于企业的影响体现在组织结构的变异和局部优化上。引进、模仿技术创新，在存在参照源的情况下，通过模仿技术首创者的实质性技术，或引进或破译首创者的核心技术，吸收、改进并在此基础上更加深入地开发、完善，从而获得更具竞争力的核心技术，是在参照源已有创新成果的基础上实现的再创新。

例如大连重工·起重多渠道吸引和利用高等院校、科研院所以及社会上各种科技资源参与企业创新活动。大连重工·起重每年结合新产品开发与科研确立关键技术攻关课题，选择合作院所进行产学研攻关，平均每年开展和完成10余项产学研项目，解决了制约我国大型船用曲轴国产化生产制造的曲轴热装、曲拐加工等关键技术"瓶颈"问题，形成了一套完整合理、具有自主知识产权的曲拐、曲轴加工、热装工艺方法和操作规范。

金风科技通过对德国VENSYS公司的成功收购，具备了完全自主研发的设计能力和自主知识产权。目前，金风科技已经建成了具有国际水平的风电机组设计平台，形成新疆、北京、德国三大研发中心，制定了完善的风力发电机组设计业务流程，形成了包括概念设计、载荷计算、电控系统等13种完整的研发体系，引进了多个先进的设计软件，建设了包括风机制造、装配、实验、测试在内的全套仿真实验检测系统。

国外企业的经验也值得借鉴，例如甲骨文（Oracle）公司用投资代替创新，用投资代替内部研发。作为全球最大的企业软件公司，如何保持创新活力的问题也一直困扰着甲骨文。与其每年几十亿美元直接研发，不如把这些钱作为一个投资公司，到外边去收购小型的创新公司。一支专业的投资团队搜寻与甲骨文的核心业务有可能发生关系的潜在对象，相当于将公司内部的研发外包，费用可能比以前还少。所以，甲骨文在过去10年间不停地收购，通过外部引入的方式实施创新。诸如甲骨文之类的大公司之所以能够保持创新的活力，是因为在

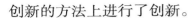

创新的方法上进行了创新。

外部引入模式是利用外部创新资源，实现企业突破创新的有效途径。外部有效资源的利用有合作利用和整合利用两种模式。在合作利用的情况下，企业可以采用松散的组织形式，灵活协调的决策系统，针对性配置创新资源，完成突破技术创新的任务目标。在整合利用的情况下，企业可以把外部技术创新资源内部化，整体引进并形成一个业务部门，但是应尽量保持整合后部门的独立性，采用分散决策的体系，支撑企业创新任务和目标。在外部引入模式下，企业的规范体系建设还有待加强。

（四）平台创新支撑体系

平台创新模式是围绕核心企业平台或者共性技术平台进行的创新活动（Iansiti 和 Levien，2004；Eisenmann，Parker 和 Alstyne，2006；Boudreau，2010）。尤其在创新资源或者核心技术集中于企业内部，而技术的突破发展又需要龙头企业带动的情况下。此外，还有基于创新平台的产业技术创新系统模型，其结构由核心层、开发应用层及创新平台构成（陈斯琴，2008）。

按照平台创新的定义，现有创新型企业的研发支撑体系已经体现出平台的特征。大唐电信集团，通过整合资源平台，落实创新战略。大唐电信作为"核心企业"，构建了以 TD-SCDMA 为核心技术标准的"创新平台"，在此创新平台上实施产学研合作和国际科技合作作为企业技术创新体系的支撑。集团承建的"新一代移动通信无线网络与芯片技术国家工程实验室"和"无线移动通信国家重点实验室"两个国家级实验室为一级平台。其中，重点实验室定位于产业前沿和共性技术研究平台，协同开发、互联对测的公共平台；工程实验室定位为创新技术产业化配套建设与产业化实施平台。二级创新平台是指在各个主体产业公司设立的重点实验室和工程实验室的分实验室，负责承担相应的科技研发和产业化项目任务，对外与国内知名高校院所等合作，承担相应的科技研发项目。

大唐电信还借助产学研合作和全球资源推进自身研发能力建设。大唐电信与清华大学、北京大学、中科院计算所等国内 17 所高校、院所签订了战略合作协议，借助其研发资源，促进技术进步。同时积极整合全球研发资源，与国外通信企业建立合作关系，设立联合实验室，开展技术和产品合作。

当时按照平台结构与支撑体系设计，大唐电信在"核心层"已经确立了核心能力和优势，并成功搭建创新平台，但是在"设计应用层"，大唐电信需要继续保持高度的开放性，整合更多的软件开发商、集成商、生产商、服务商进入此创新系统中来，才能够进一步提升平台创新的效益。

相对于大唐的平台创新，安徽鲲鹏装备磨具制造有限公司的平台创新支撑模式更加完善和有效。作为平台"核心企业"，安徽鲲鹏的研发平台体系主要包括基础研究、应用研究和研发支撑平台。基础研究工作主要以工程技术研究中心为主体，在装备磨具的前瞻性、关键性技术以及成果转化方面开展研究工作；应用研究主要以企业技术中心为载体的产品应用开发工作，下设六个设计中心（支撑平台主要包括产学研合作中心、电气试验室、磨具材料试验室、网络技术研发中心）等。安徽鲲鹏的"立体仓储"式平台模式连接了三个合作层面：第一个层面是与高校院所之间的联合，主要以共同组建工程中心的形式展开研发工作；第二个层面是与国内外知名企业之间的联合，对前端工艺技术和应用技术提升展开合作；第三个层面是与装备关键控制元件供应商之间的联合，侧重关键控制元件的应用。通过三个层面的设立，安徽鲲鹏完善形成了平台创新支撑模式，最主要的原因是平台吸纳了众多的参与者，而不再是简单的企业内部研发平台。

在平台创新的战略模式下，产学研合作对象从以高校为主逐渐向科研院所、行业协会、国家基金、同行以及产业链企业拓展。合作方式从以项目为载体的科研合作逐步向实验室共建、集群式领域战略合作的方式发展，从而实现以实验室建设为平台推动技术创新，为企业形成独特优势、提升创新能力奠定基础。

所以说，创新型企业的研发支撑体系应该是一个开放的平台。过去，企业往往把研发作为一个很私密的部门，应该把研发变成一个开放的平台，完全发挥平台的网络效应。例如，宝洁公司的产品种类非常多，但又能非常符合用户的需求。对于宝洁公司而言，很重要的一点是研发体系的开放平台。宝洁公司内部有 9000 名研发人员，这 9000 名研发人员通过一个开放的平台整合了社会上 180 万名研发人员，研发人员从数量上放大了 200 倍，这是非常关键的一个因素。随着创新和研发资源的社会化，全球资源都可以整合到企业的创新支撑体系中。在创新系统中，平台提供者扮演着关键角色，加强了创新成果。平台型企业很重要的一点是利用了网络经济效应。平台战略成功的关键在于，产品平台能否整合企业能力与市场需求。

创新研发体系的支撑模式越来越呈现出合作创新与网络化的趋势（Adner，2006，2010）。创新型企业研发支撑体系的演变有开放性、合作性、互动性的趋势：开放性强调企业边界的突破，创新行为不再局限于一个企业之内；合作性强调创新组织之间的合作；互动性强调创新行为与用户需求之间的互动。结合未来的演化趋势，创新型企业的决策机制将越来越以用户需求为中心，资源配置强调社会化资源的协作与平衡，组织结构呈现无边界和网络化的特征，知识管理必须能够让学习快速地发生，而规范体系则越来越弱化。

三、推进创新型企业研发支撑体系建设的建议

目前，我国创新型企业研发支撑体系建设中仍然存在很多有待改善的问题。推进创新型企业研发支撑体系建设，一方面需要政府更好地扮演政策制定者的角色，另一方面要求企业充分发挥研发创新主体的作用。在相关研究的基础上，针对当前存在的不足与问题，本章提出了进一步完善创新型企业研发支撑体系建设的整体思路，以及分别针对政府和企业的具体建议。

（一）针对政府的政策建议

基于我国创新型企业研发支撑体系建设现有政策存在的不足，并考虑创新型企业研发支撑体系有效运行所需的制度环境，就我国政府层面而言，未来推进创新型企业研发支撑体系建设的政策重点在于：

（1）政策制定的整体性和系统性。应当将创新型企业研发支撑体系视为国家创新体系、区域创新体系和产业创新体系的重要组成部分，从更高的层次进行整体性思考和系统性设计。促进和完善创新型企业研发支撑体系建设，应当从整体上进行科学定位和系统设计，必须与国家、区域和产业创新体系建设保持协调一致。

（2）政策内容应针对特定对象分类制定。在设计和制定企业创新激励政策时，必须考虑企业之间的差异，才能使政策更加具有针对性和可操作性，从而取得更好的执行效果。例如，一些企业的创新资源主要表现为人力资本，但由于缺乏技术设备等实体资源，而不能参与"双软"、创新型企业等认定，获得政策性的支持。为了提高政策内容的针对性和有效性，应当进一步细分作为创新主体的企业类型，如具

体到某个行业的企业，或者是采用同种关键技术的企业，深入剖析每种类型企业群体的共性特征和创新障碍，然后据此确立相应的政策目标，并选择适合的政策工具。

（3）加强激励和引导政策实施的目的性和灵活性。建立一整套的科学而适用的创新支撑体系评价标准，例如可以从决策体系、资源配置体系、知识管理体系、组织体系、标准规范体系等维度评价创新型企业研发支撑体系的完备性，并给予政策性的激励和引导。要保持激励政策的一致性，注重各种制度工具之间的综合运用和相互配合，降低企业的"政策依赖"预期。

（4）加强创新型企业研发体系构建和激励政策研究。对不同类型企业研发支撑体系现状及模式、存在的问题、发展趋势以及相应的政策激励措施等方面进行深入研究，为下一步出台支持创新型企业发展的政策提供支撑。

（二）针对企业的对策建议

就创新型企业层面而言，推进创新型企业研发支撑体系建设的重点在于：

（1）动态选择适宜的研发支撑体系模式。企业选择哪种类型的研发支撑体系模式不仅要考虑政策环境因素、市场环境因素、技术环境因素和市场需求因素等外部环境，而且要充分评估自身在创新意识、创新资源、创新战略、创新能力和创新文化等多方面的基本条件。这意味着对于创新型企业来说，其构建研发支撑体系的首要任务就是要根据内外部条件进行合适的研发支撑体系模式选择，并根据企业发展阶段、规模变化进行动态调整。

（2）加快融入全球开放式研发创新网络。在全球生产网络和全球创新网络中发展创新型企业，必须要充分利用全球范围内的创新资源和生产资源，通过利用外部的创新资源快速提高自己的创新能力和开发能力。目前，从全球的技术创新趋势看，开放式创新模式已经逐渐成为主流。尤其是复杂性、系统性更高的高新技术，仅仅依靠一家企业的力量，几乎不可能完成从技术研发到商业化的全过程。许多大型跨国公司的成功经验表明，建立面向全球的开放式创新体系，构建利用全球创新资源和生产资源的合作创新网络，才能在高新技术领域取得突破。一方面，我国企业应放弃以市场换技术的传统思路，进一步加大自主技术研发投入，提高自主知识产权保护意识，通过自主创新能力的持续提升，争取在国际合作中的主动地位；另一方面，应当积极加入产业技术创新联盟，加强与国内外企业、研发机构等的合作，尽快融入全球产业链和创新网络中，通过合作逐渐实现从价值链低端向高端的转移。

（3）重视构建技术研发标准规范体系。在当今的信息化和全球化时代，技术更新速度明显加快，技术标准的重要性更加凸显。从全球技术竞争趋势看，技术标准已经成为企业技术竞争的制高点。谁能抢先控制技术标准，谁就掌握了市场竞争的主动权。然而，目前我国企业对于技术标准的重视程度不够，参与国际技术标准制定的实力明显不足，导致我国企业对国外企业严重依赖。中国企业要把主动参与技术标准制定作为今后从事自主创新活动的更高目标。首先，企业应在国家整体技术发展战略和产业发展规划中，寻找自身可能具备竞争优势的前沿技术领域，在技术引进和消化吸收的基础上，逐渐掌握在特定技术领域的自主知识产权，并注重自主技术与国际技术标准的接轨。其次，企业在具备一定的竞争优势之后，应当通过多种渠道，积极参与到国际技术标准的制定过程中，确保我国技术标准的先进性和国际性。最后，当时机成熟之后，掌握国际技术标准制定的主动权，从而获取作为国际技术引领者带来的经济效益。

（4）培育适宜研发创新的企业文化。企业文化作为一项重要的非正式制度，对企业自主创新活动具有非常重要的激励作用。为了充分调动广大员工参与创新活动的积极性，企业应努力培育适宜创新的企业文化。一方面，要营造宽松的创新氛围，企业必须建立一种鼓励创新、容忍失败的文化环境，使员工能够在自由、宽松、积极、有利于个性发展的环境中，充分激发自己的聪明才智和创新热情；另一方面，企业应当树立创新、开拓的企业精神，自觉地维护企业利益。企业需要鼓励全员进行创新，充分激发全体员工的创新意识，鼓励小组创新和团队创新的形式，使所有员工不仅具有创新的使命感和责任感，还能积极参与到企业的创新活动当中。

| 第五章 |

我国企业研发支撑体系建设的路径选择

经过多年的自主创新实践，我国企业逐步形成了自己的创新体系和创新方法，并有效提升了企业的竞争力。需要注意的是，一些企业对于创新研发支撑体系的理解还存在一定的误区。企业研发支撑体系不应是"资料室"，更不应是"修理厂"，而是企业围绕研发活动建立的一整套组织机构和系统，是创新型企业区别于一般企业的基础。

一、构建企业研发支撑体系是技术创新的内在要求

研发体系是创新活动的基石，从体系任务来看，企业研发支撑体系是为了完成创新目标，是对于企业内外部创新资源的有效组织方式。从构成内容来看，一个完备的研发支撑体系，应该是包括决策体系、资源配置体系、知识管理体系、组织体系、标准规范体系的协同运作系统。从创新实施看，企业研发支撑体系的建设切忌"形式主义"，而是要构建一套完备的技术体系。企业要保持创新优势，必须建立和整

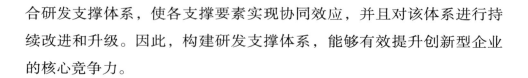

合研发支撑体系，使各支撑要素实现协同效应，并且对该体系进行持续改进和升级。因此，构建研发支撑体系，能够有效提升创新型企业的核心竞争力。

二、构建企业研发支撑体系关键是实现路径的选择

研发支撑体系的目标在于整合企业内外部各种创新资源，实施渐进性或突破性创新，提升企业的创新能力。根据创新目标和创新资源分布的不同，企业应该选择适合自己的研发支撑体系模式和路径。

（一）中央研究院模式

这种模式下，创新资源主要集中在企业内部，技术发展轨道比较稳定，企业依靠自身力量独立研究开发，攻破技术难关，获得新的技术成果。渐进性创新是企业追求的主要目标，代表企业如国电集团、中航工业等大型国有企业。

（二）合作网络模式

这种模式下，技术发展轨道稳定，企业创新资源分散在外部，以海尔集团创新支撑体系为例，通过整合全球行业技术资源，构建全球五大研发中心，与各地分散的技术创新资源建立一种"虚拟"的组合模式，促进创新绩效的提升。

（三）外部引入模式

这种模式下，强调行业关键技术或前瞻性技术等源自外部的突破性创新，创新型企业或者从外部机构引入技术，或者通过合作和并购

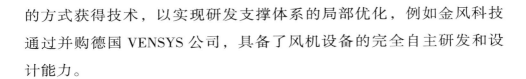

的方式获得技术，以实现研发支撑体系的局部优化，例如金风科技通过并购德国 VENSYS 公司，具备了风机设备的完全自主研发和设计能力。

（四）平台创新模式

这种模式下，企业围绕核心企业平台或者共性技术平台进行创新活动。互联网企业更容易采用平台型研发支撑体系，例如小米手机不仅是一个信息设备制造企业，更是通过虚实融合实施创新的平台型企业。

三、企业研发支撑体系呈现出协同与网络化的趋势

（一）创新型企业的决策重心向用户方转移

如何把创新与市场及用户紧密联系在一起，使员工在为用户创造价值中实现自身价值，从而建立起一套由市场需求驱动的经营管理模式，这是未来企业研发支撑体系决策机制的核心。例如，华为强调"让听得见炮火的人进行决策"，就是对于这种趋势的反映。海尔的自主经营体制度正是对其"用户中心"创新体系的有效支撑。

（二）创新型企业的资源配置逐渐趋于社会化

企业边界与结构也在随环境动态变化，仅仅依靠内部资源或既有资源，已经很难再创造价值。这要求企业从社会化的角度认识外部资源，去认识企业的价值创造、传递以及获取过程。

（三）创新型企业的组织结构越来越具有开放性

创新资源分散在各个企业，而这些企业通过合作实现了突破性的技术创新。例如，安卓与塞班创新生态系统的竞争，这种情况下，单纯的企业研发支撑体系已经无法满足行业和企业发展的要求，行业技术标准和规则的制定才是最重要的支撑体系。

四、构建企业研发支撑体系需要采取必要的政策保障措施

（一）确保政策措施的整体性和系统性

促进和完善创新型企业研发支撑体系建设，应当从整体上进行科学定位和系统设计，必须与国家、区域和产业创新体系建设保持协调一致。同时结合我国企业创新支撑体系现状，逐步形成和完善构建企业研发支撑体系的指导意见。

（二）政策内容应针对特定对象分类制定

加强政策支持力度，引导企业加大研发投入，规范化研发体系建设，积极支持有行业特色、技术创新能力强的大中型企业建设企业技术创新中心和创新实验室等，从基础研发、创新培育和成果产业化三个阶段，全方位提高研发支撑体系的作用和影响。

鼓励和支持中小企业采取联合出资、共同委托等方式进行合作创新体系建设，同时，完善企业内部技术创新支撑体系运行机制，形成有利于产品与服务创新，以及管理和商业模式创新的内部激励机制。

树立民营企业创新支撑模式的典型，营造民营企业的创新文化，引导民营企业不断增加创新支撑体系建设的投入，通过财政政策组合等方式，支持技术创新体系建设，提高民营企业的技术集成、引进与再创新能力。

（三）构建和支持社会化的公共创新技术服务平台

公共创新服务平台是企业的创新支撑体系的必要组成部分，特别是中小企业的创新体系，离不开公共创新服务体系的支撑。鼓励和支持社会化的新创企业孵化平台建设，作为实现企业成长的引擎。例如类似企业云计算和在线软件服务商 Salesforce.com。在这样的创新平台的帮助下，很多新创企业不再仅仅依靠政策支持、风险投资等传统形式拓展市场关系。

（四）健全以创新创业支撑为重点的人才开发体系建设

培养和造就一批高素质人才是构建企业创新支撑体系、提高自主创新能力的根本所在。制定鼓励企业参与创新型人才培养的政策，建立健全柔性引才机制。

第六章

我国民营科技企业自主创新的障碍和对策

　　相对于国有企业，民营企业具有更强的市场敏感性，因此在技术创新的投资和组织过程中，民营科技企业更加注重科技资源的高效利用，更加注重成果的工程化和产业化；相对于外资企业，民营企业具有更强的本土扎根性，这就决定了民营科技企业更加注重关键技术能力和核心科技资源在本土的培育和积淀。随着技术创新能力的不断累积，民营科技企业在推进我国自主创新能力持续提升、实现创新型国家建设伟大目标的事业中扮演着越来越重要的角色。只要政策能够有效解决制约我国民营企业技术创新的障碍和"瓶颈"，引导民营企业坚定科技创新的信心，民营科技企业必将成为国家创新体系中最有技术竞争力和市场竞争力的企业群体。

一、当前我国民营科技企业技术创新的现状和主要障碍

经过改革开放 30 多年的探索，我国民营科技企业充分发挥自身的体制机制优势，通过积极整合产学研和国内外科技资源、技术创新和市场反哺的协同推进，正逐步成为最有活力和市场竞争力的创新主体。

（1）民营科技企业在竞争性行业技术创新体系中的主导性地位已经确立。例如，以华为、中兴为代表的 ICT 企业，以三一重工为代表的工程机械企业，不仅在针对国内市场的适用性技术方面持续创新，而且在针对国际高端市场的先进技术领域逐步突破，成为带动我国竞争性高技术产业在国际市场追赶发达国家领先企业的"领头羊"和旗帜。

（2）以高技术创业企业为代表的民营科技企业甚至开始在部分基础科学和技术领域以及长期受制于国外技术封锁的领域形成独特的技术优势。例如以深圳华大基因等为代表的生物企业通过整合利用国内外高端生物技术人才，通过积极探索科学、技术和产业相互融合的新兴技术创新形态，为中国和世界基因组科学的发展做出了突出贡献，奠定了中国基因组科学在国际上的领先地位。又如以山东威海光威为代表的碳纤维企业通过艰苦的技术学习和工艺探索，克服了长期制约我国科学界高性能碳纤维工程化的难题，为改变我国高吨级碳纤维受制于日本的局面做出了重大贡献。

（3）民营企业在部分国有和外资企业长期垄断行业不断渗透，技术追赶的趋势不断强化。例如吉利汽车在探索形成自主知识产权和技术能力的产品开发平台方面不断探索，同时通过海外并购促进本土产品开发能力的快速提升。又如浙江海天集团通过与德国、日本企业的

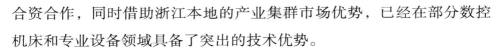

合资合作，同时借助浙江本地的产业集群市场优势，已经在部分数控机床和专业设备领域具备了突出的技术优势。

（4）以产业集群形式存在的广大民营中小企业的技术创新组织形态不断创新，转型升级的步伐逐渐加快。受国内外经济增速放缓、产能过剩和要素成本上升等因素的影响，通过技术创新消化成本压力、开辟市场空间正逐渐成为由过去的政府外生的政策要求转变为企业自发的内在呼声。以浙江、广东为代表的区域产业集群在促进中小企业转型升级方面有很多有意义的探索。例如，我们对浙江省台州市的调研发现，当地自下而上组织的行业协会和商会通过提供公共科技服务、搭建产学研合作平台、组织企业家信息交流等活动，形式多样、务实有效地提升了本地企业新产品的开发能力，推动了适用性技术在集群的扩散和推广。

在取得成绩的同时，我们近年来的调查和研究也发现，民营科技企业对当前的创新环境和科技政策仍存在诸多不满，民营企业技术创新能量的进一步释放仍面临一系列的障碍和"瓶颈"。

（1）当前我国民营科技企业技术创新面临的最大障碍是做实业、搞创新的信心不足。一方面，制造业竞争日益激烈，实业企业盈利能力不断下降；另一方面，房地产、艺术品、黄金、外汇、矿权等投资性产品的价格不断攀升，诱使大量的民营资本从实业中抽离出来进入虚拟经济，出现了最近几年来日益严重的"脱离实业"现象。根据我们的研究，有60%~70%的技术是直接或间接服务于制造业的，技术创新是企业做大做强工业的手段和结果。因此，只有广大民营企业坚定了发展制造业的决心，技术创新才可能成为一种普遍的经济活动和价值追求。

（2）高技术创业的流程杂、难度大、成本高，专业技术人才的创新创业抱负被扼杀。高技术人才通常是某个细分领域的技术专家，这类人群往往具有突出的专业技术能力，却并不具备丰富的社会交往经验。然而除了创业企业融资难、土地成本高等成本性因素外，当前我国的企业创业流程涉及大量部门、大量机构、大量政府人员的大量审批程序，这些繁杂的流程性工作成为阻碍技术专家迈出创业步伐的第一道坎，将很多有创新和创业抱负的技术专家及其技术成果扼杀在摇篮里。

（3）新产品销售中的歧视性待遇剥夺了民营科技企业持续创新的机会。例如国家电网甚至地方政府电力基础设施建设中的电力设备政府采购，常常对竞标企业的经营年限制定特殊的门槛要求，这对于后进入行业因经营年限短但具有更高技术水平的民营企业十分不利。另外，近年来越来越多的国有企业特别是中央企业通过产业链的高度一体化内部化垄断收益，这使得大量的民营科技企业失去了进入中央企业供应链体系的机会，从而丧失了在相关产业和领域进行持续投资和创新的动力。

（4）"重扶持、轻服务"的痼疾使得针对广大中小民营科技企业的科技政策不能切实落地，公共政策资源大量浪费。目前针对中小企业的创新基金和技术改造资金落实到单个企业上的数额都十分有限，特别是技术改造资金落到地方政府以后基本上都是以"撒胡椒面"的方式分配给本地企业，对企业技术创新和技术改造的激励及帮助作用微乎其微。与此同时，各级政府针对中小企业的共性技术服务和技术改造服务设施建设及人员、资金投入却明显不足，中小企业对"技术本身"而不是"技术资金投入"的需求无法满足。

二、加快提升我国民营科技企业自主创新能力的政策建议

针对当前我国民营科技企业技术创新中面临的困难和问题，我们

认为，除了一般性地加大资金扶持力度，消除与中央企业、地方国有企业和外资企业的歧视性待遇等措施外，未来政策调整的基本思路是：针对已经形成突出技术优势的民营科技企业，重点是加强这些企业技术优势与国家重大科技战略和知识产权总体部署的对接，使企业优势转化为产业优势和国家优势；对于广大中小民营科技企业，重点是加强公共科技服务，加快适用性先进技术的扩散和应用；对于高技术创业企业，重点是简化创业流程和企业经营中的政府干预，使技术性人才能够专注于技术创新。具体来说，未来针对民营科技企业的体制机制和政策创新的着力点在于以下方面：

（1）以平台技术突破和基础专利获取为下一阶段目标，加快推进我国优势民营科技企业的技术提升。以华为、联想等为代表的一批民营企业已经在部分技术领域形成自己独特的技术优势和知识产权基础。但由于缺乏对平台技术和底层技术的持续投资，与国际领先企业相比，这些企业在能够左右全行业技术进步路径和方向的平台技术领域仍然缺乏竞争力；与此同时，在决定底层技术竞争力的基础专利方面几乎是空白，即便是全球通信设备市场份额已经跃居第一的华为也仅有一两项"准基础专利"。因此，在优势民营科技企业已经确立国内技术领先地位的基础上，未来科技政策的重点是以平台技术突破和基础专利获取为"抓手"，跨越式地增强民营科技企业在国际市场的科技资源整合能力和技术竞争力。

（2）加快建设以领先民营科技企业牵头、具有独立运营管理机构的技术联盟，以机制灵活的民营科技企业为龙头，加快行业性科技资源的整合。国有企业牵头和缺乏独立的联盟运营管理机构是导致当前我国多数技术联盟流于形式的主要原因。建议从提高技术联盟对于促进共性技术研发和技术标准形成的实际效果出发，加强优势民营企业在技术联盟中的主导作用。与此同时，积极推进联盟组织管理机制的创新：首先，技术联盟的执行机构要保证其身份的独立性。技术联盟管理应由独立（特别是人事上独立）运营的联盟管理机构而不是牵头企业执行。其次，要加快旨在促进中国技术标准形成的技术联盟的发展，特别是积极推动以形成与国外技术标准竞争性的本国技术标准制定为目标的技术联盟的发展。最后，为了提高技术联盟的运营效率，促进联盟成员的共同投资和共同参与，技术联盟应当尽可能明确联盟成员的权利和义务，对成员的资金投入、知识产权归属和使用、研发任务分配等予以明确界定，用良好的激励约束机制抑制联盟成员的"搭便车"行为。

（3）加大技术扶持的同时，加强科技服务环境建设。其中，针对以产业集群形态存在的广大中小民营企业，科技政策的突破口是加快建设专业的、覆盖广泛的、公益性的综合性科技服务机构。中小民营企业量大面广，而社会性科技资源又具有分散化的特点，中小企业很难确定自己所需要的科技资源的分布和来源。在这种情况下，能够为中小企业提供"一站式"科技信息服务的综合服务机构变得非常重要。综合服务机构自身可以不直接提供科技服务，但必须能够提供其他公共科研机构、社会和商业科技机构相关服务的有效信息。以综合服务平台为主体，汇总和统计科技服务机构、科技服务平台和科技服务业务信息，搭建科技服务信息综合管理平台，征集和聘任各领域专家，加强中小企业服务智力支持，促进实现全社会中小企业科技服务资源的统一配置。可以考虑通过建立热线电话、网上咨询、网络订购和速配等便捷通道，加速科技服务与中小企业需求的对接。

（4）借鉴美国、日本经验，推出更加适应高技术创业和高技术中小企业的全生命周期技术扶持项目。借鉴美国和日本 SBIR 项目的经验，按照技术创新生命周期采取分阶段的、有竞争的、差异化的操作方式。第一阶段，技术可行性研究资助阶段，该阶段政府为企业提供相对小规模的资助。第二阶段，政府对第一阶段取得初步成功的项目提供进一步的资助。前两个阶段的政府资助都是无偿的。不同的是，在技术可行性阶段，采取"小额普发"原则，即大范围资助，但单项资助额度相对低，这样既避免了对失败项目的过度投入，又可以广泛培育技术种子。一旦进入研究开发阶段，资助就采取"大额集中"原则，以加快推进技术成熟。第三阶段，技术成果商业化的阶段，该阶段政府对企业的资助不是必然的，而是根据技术产业化的市场条件和企业能力相机给予，政府的主要功能是为技术产业化提供各类服务。

（5）从长期看，民营企业作为创新体系中最具活力、最有希望的一个群体，关键是提高企业从事实体经济和技术创新的经济回报，坚定民营企业做实业、搞创新的信心和决心。如今我国已经具备一定规模和能力的民营企业基本上都是20世纪80年代中后期和90年代以后创业成长起来的企业，这一代企业家目前大多集中于50~60岁的年龄段，这一批企业家具有特别敏锐的"市场感觉"，但由于其成长背景的局限，其经营具有典型的机会主义倾向。另外，受过良好教育和创新意识强且具有一定市场经验的第二代企业家还没有顺利接任。已经涌现出来的部分第一代创新型企业家和即将成长起来的第二代企业家，具有强烈的创新抱负和志向，关键是创造好的环境以坚定他们的创新信心和决心：一是进一步加强政府对制造业和科技服务业的扶持和服务力度，实体经济是创新资源和创新活动的载体；二是改善竞争秩序，引导企业把资源更多地投入到生产性活动而不是寻租性活动中；三是加强知识产权保护，为创新型企业提供足够的利益空间；四是减少政府对产业和企业的直接干预，减少行政性的审批和创业程序，使技术型专家和技术型企业家能够专注于创新和创业。

|第三部分|

实 证 篇

| 第七章 |

高新技术园区企业综合绩效 影响因素分析①

1988 年以来，我国建立了 53 个国家级高新技术产业开发区和 61 个各类省级高新技术产业开发区。高新区快速发展的一个重要特征是大量的高新技术企业不断集聚，以及不断繁衍、成长。

建立科技园是为了鼓励知识型公司和高技术附加值企业能规范地成长。很多研究文献比较了科技园内的企业和科技园外部的企业特征，探讨了企业入驻科技园的动机和影响企业入驻动机的主要因素（Lindelof 和 Lofsten，2001；Bengtsson 和 Lowegren，2001）。也有研究说明，科技园对园内企业的运行绩效有正向影响（Amirahmadi 和 Saff，1993；Ferguson 和 Olofsson，1998），这些正向影响因素可以概括为基础设施和文化氛围支持、资金支持、技术支持和市场支持等。

企业入驻科技园区的原因除了自身的资源和能力因素之外，政府政策因素和企业自身的需求得到满足，或者说企业资源与园区政策条件的契合是最重要的两个方面。政府因素方面包括政府对于入驻企业

---

① 赵剑波，杨震宁，王以华. 高新技术园区企业综合绩效影响因素分析 [J]. 科学学研究，2009 (9).

的支持性和管理性政策。此外，在调研中发现，园区管理机构在企业入驻前后的服务工作也是一个非常重要的因素。企业的需求包括技术、市场等方面，企业的入驻行为在某种程度上意味着科技园区的环境和服务在某一方面对于企业需求的满足。

本章试图说明政府的政策和科技园管理机构的服务，以及企业对于科技园的评估和自身的需求期望这四个方面对于园区内科技企业绩效的影响。

一、文献回顾与概念模型

（一）企业对科技园区的需求

集群理论认为，地区性企业集群内部的企业在创新绩效、增长率等方面，相对于集群之外的企业具有一定的竞争优势。企业之所以会选择科技园区开展业务，杨震宁等（2007）认为，企业入驻科技园的需求可以概括为三个方面：技术获取需求、市场渗透需求和政策获取需求。政府和科技园管理机构应该思考创办科技园的目的，企业更加看重科技园良好的技术研发环境以及成熟的配套政策。当然，科技园区周边越靠近企业的最终目标市场企业入驻动机越强。

企业会选择与自己性质相近的集群开展业务。研究发现，企业从外部环境吸收知识，或者利用集群内知识的外溢效应，要求企业的核心技术必须与环境知识有一定的联系（Cohen 和 Levinthal，1990）。因为新企业通常会选择区域内已经有很多与自己有类似经营行为企业的集群（Baum 和 Haveman，1997；Furman，2003），所以新企业的创新活动与集群的地理位置密切相关，集群性质决定了区域内的技术和知识内容（Bresnahan 等，2001；Niosi 和 Bas，2001）。所以企业为了自身的发展，会考虑科技园区的性质和环境能否满足其期望和需求。当集群区域内部聚集了大量的从事类似创新活动的企业时，这个有着技术相似性的企业群体能够高效共享知识的外溢效应。相比较于集群之外的企业，新企业也能够更加容易从集群环境吸取其必要的技术和知识（Rosenkopf 和 Nerkar，2001）。

（二）影响企业需求的因素

科技园区之所以吸引企业入驻的原因在于，科技园区的某些客观因素影响了企业入驻的动机。政府和相关管理机构应该重视企业需求的调动和管理，利用相关资源和政策吸引企业入驻科技园，科技园建设需要依托当地的资源特色走差异化道路，不同地区的科技园吸引不同产业类型的企业入驻，这样才能实现资源配置的优化。

本章认为影响企业入驻科技园动机的主要因素除了企业自身的客观资源条件之外，还包括两部分：政府政策和园区管理机构服务。企业在入驻科技园区之前，总是会详细地评价科技园区的环境（包括政府政策和管理机构服务等因素）能否满足企业的自身需求。企业在入驻科技园前的主观判断和评估对于企业未来的绩效有着显著的影响。

园区内的企业可以从共同的、集体的基础性组织所产生的聚集效应中获益，尤其在市场服务方面，园区管理和服务机构——为集群或区域内部企业提供大量支持性服务的组织，包括公共和私人机构两大类，例如技术扶持中心、大学、职业培训中心、当地研究机构、产业政策代理和贸易、职业协会等，他们起着重要的作用。

当地政府的服务和引导措施以及中介机构的作用促进了知识的溢出效应，从而提高企业的技术和创新能力。一些包括诸如新产品、新服务等关键信息的知识溢出效应，可以满足园区内部市场对其的需求，企业可以通过对于流程和技术的理解以及吸收，使得现在或者未来的创新能力得到提高。园区内部的企业根据未来的趋势，随时准备吸收那些能够调整其产品或者服务的关键知识（Cohen 和 Levinthal，1994）。此外，公众和政府的认同也加强了政府对于集群的多方面支持。根据以上文献，政府部门和科技园管理机构对这些因素的影响势必促进企业的入驻，进而影响企业的未来绩效。

（三）概念模型

通过文献回顾，确定研究的问题并提出本章的研究假设模型（见图 7-1），本章将深入分析政府政策、管理机构服务、企业评估和企业需求对园区内企业综合绩效的影响。

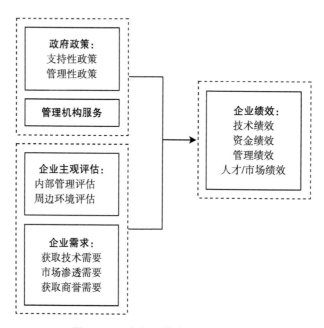

图 7-1　研究问题的确立：概念模型

二、研究方法与过程

（一）量表设计

2006~2007 年，本课题小组对北京地区几个重要科技园区进行调研，问卷的设计主要是基于这些调研的内容。问卷样本来自北京清华科技园、北京大兴科技园、北京顺义科技园、北京中关村科技园，共发放问卷 450 份。75 家企业的主要负责人和技术管理人员参与了最终的问卷调查，回收有效问卷 218 份，有效问卷回收率 48.4%。填写对象为企业高层和技术部门的管理人员，其中包括同一家公司中不同层次的人员填写的问卷。

（二）自变量测量

各个变量的测量主要采用杨震宁（2007）使用的量表。政府相关政策要素包括支持性政策和管理性政策两部分；科技园管理机构服务主要指招商机构的服务要素；企业的评估对象包括科技园内部软硬件管理和周边环境两部分；企业需求主要指企业入园动机，包括技术获取需求、市场渗透需求和政策获取需求三方面的内容。

本章把受访人员职位、企业规模、行业和企业所有制作为控制变量。

科技园内高新技术企业的运行绩效评估可以从以下角度考虑：人才绩效、市场绩效、管理绩效、技术绩效和财务资金绩效等。将以上的测量指标分别设计成问卷，问卷条目采用了 7 分制里克特尺度，被试者根据自己对各条目的评估打分表示其不同意和同意的程度（"1"

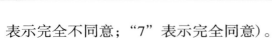

表示完全不同意；"7"表示完全同意）。

为了检验文献综述中所提出的研究假设，本章主要利用 Stata SE 8 软件作为分析工具。本章建立了 4 个回归模型，分别检验各个自变量对于企业绩效的影响。

三、结果分析

表 7-1 是描述性统计结果以及 Pearson 相关分析矩阵。回归分析的结果如表 7-2 所示，本章分别对于企业的技术、资金、市场以及人才和产品绩效进行回归分析。

表 7-1　回归结果分析

变量	技术绩效		资金绩效		市场绩效		人才和产品绩效	
模型	M1	M2	M3	M4	M5	M6	M7	M8
内部软硬件评估	0.319* (0.022)	0.279* (0.049)	0.108 (0.457)	0.088 (0.548)	0.082 (0.538)	0.099 (0.468)	−0.106 (0.442)	−0.067 (0.632)
外部环境评估	−0.028 (0.775)	−0.015 (0.880)	−0.011 (0.913)	0.008 (0.939)	−0.010 (0.918)	0.005 (0.959)	0.001 (0.990)	0.019 (0.845)
技术性需求	0.248[+] (0.010)	0.241** (0.010)	0.285** (0.005)	0.274** (0.007)	0.248** (0.007)	0.243** (0.009)	0.278** (0.004)	0.270** (0.005)
市场性需求	0.062 (0.692)	0.034 (0.828)	−0.183 (0.263)	−0.156 (0.345)	−0.084 (0.577)	−0.095 (0.534)	−0.291[+] (0.063)	−0.318* (0.044)
政策性需求	0.099 (0.305)	0.080 (0.407)	−0.199* (0.048)	−0.207* (0.041)	−0.123 (0.182)	−0.128 (0.168)	0.163[+] (0.090)	0.144 (0.134)
支持性政策	0.077 (0.363)	0.022 (0.806)	0.145[+] (0.100)	0.137 (0.142)	0.123 (0.129)	0.097 (0.262)	0.301*** (0.000)	0.249** (0.005)
管理性政策	0.129 (0.190)	0.173[+] (0.090)	0.071 (0.487)	0.090 (0.396)	0.164[+] (0.081)	0.197* (0.046)	0.008 (0.935)	0.061 (0.544)
招商机构服务	0.202[+] (0.067)	0.206[+] (0.066)	0.064 (0.574)	0.055 (0.638)	0.203* (0.050)	0.203[+] (0.060)	0.056 (0.610)	0.050 (0.649)
职位		0.142* (0.047)		0.038 (0.613)		0.082 (0.231)		0.155* (0.029)
规模		−0.024 (0.717)		0.056 (0.424)		−0.010 (0.878)		−0.043 (0.523)

续表

变量	技术绩效		资金绩效		市场绩效		人才和产品绩效	
模型	M1	M2	M3	M4	M5	M6	M7	M8
行业		0.012 (0.858)		0.112+ (0.099)		−0.007 (0.909)		0.025 (0.698)
所有制		−0.066 (0.309)		−0.050 (0.466)		0.034 (0.594)		−0.035 (0.593)
Adjusted R²	0.256	0.259	0.281	0.285	0.324	0.337	0.265	0.269
ΔAdjusted R²		0.003		0.004	0	0.013		0.004

注：表中回归系数采用标准 Beta 值，n = 218；括号内是 p 值，+p < 0.10，*p < 0.05，**p < 0.01，*** p < 0.001。

从分析结果可以看出，对于技术绩效，企业对于科技园内部软硬件设施的良好评估与其正相关且显著（0.319，p<0.05）；企业的技术性需求得到满足会提高其技术绩效，而添加控制变量之后，这种正相关关系变得更加显著（0.241，p<0.01）。政府的管理性政策和招商机构的服务也会提高企业的技术绩效，但是结果不是很显著（分别是 0.17 和 0.21），可以认为，在入驻企业具有一定技术能力的情况下，政府的管理政策和科技园招商机构的良好服务会使得企业积极把自己的技术能力以一定的形式表现出来，例如为了获得高科技技术企业的资格而积极申报知识产权。

技术性需求的满足同时也加强了企业的资金绩效（0.27，p<0.01），但是过分满足入驻企业的政策性需求却会削弱企业的资金绩效。统计结果分析表明，企业的资金绩效与政策性需求呈现负相关关系（0.21，p<0.05）。另外，企业的资金绩效与企业所在行业也有一定的关系。

企业技术性需求的满足、政府管理性政策、招商机构的服务对于企业的市场绩效也呈现出不同程度的正相关关系（分别是 0.24，p<0.01；0.197，p<0.05；0.20，p<0.1）。

最后，企业的人才和产品绩效同样对于企业的技术性需求呈显著正相关关系（0.27，p<0.01）。与前三个绩效不同的是，企业对于其市场性需求的强调会削弱其人才和产品绩效，市场性需求对于人才和产

表7-2　描述性统计和相关矩阵

变量	均值	方差	1	2	3	4	5	6	7	8	9	10	11	12	13	14	15	16
控制变量																		
职位	3.04	1.41	1															
规模	1.52	0.81	0.25**	1														
行业	3.49	3.39	-0.19**	-0.09	1													
所有制	2.70	1.32	0.09	0.21**	-0.04	1												
企业评估																		
内部设施管理	4.76	1.28	-0.15*	-0.12	0.04	-0.07	1											
外部环境评估	5.11	1.10	-0.05	-0.10	-0.03	-0.12	0.52**	1										
企业需求																		
技术性需求	4.65	1.25	-0.02	-0.09	-0.01	-0.10	0.61**	0.62**	1									
市场性需求	4.92	1.23	-0.09	-0.16**	-0.01	-0.10	0.86**	0.40**	0.64**	1								
政策性需求	5.43	1.13	0.01	-0.14*	-0.02	-0.14*	0.55**	0.56**	0.59**	0.66**	1							
政府政策																		
支持性政策	4.95	1.49	0.15*	-0.05	-0.07	-0.14*	0.23**	0.22**	0.23**	0.25**	0.19**	1						
管理性政策	5.48	1.23	-0.20**	-0.14*	0.02	-0.11	0.35**	0.02	0.20**	0.41**	0.19**	0.50**	1					
招商机构服务	5.23	1.15	-0.08	-0.17*	0.05	-0.09	0.39**	0.20**	0.26**	0.41**	0.25**	0.66**	0.73**	1				
企业绩效																		
技术绩效	5.39	0.91	0.11	-0.07	-0.02	-0.11	0.06	0.10	0.23**	0.15*	0.18**	0.26**	0.29**	0.33**	1			
资金绩效	4.88	1.18	0.02	0.04	0.10	-0.06	0.09	0.08	0.17*	0.04	-0.04	0.22**	0.17*	0.20**	0.35**	1		
管理绩效	5.11	1.10	0.03	-0.05	-0.01	-0.02	0.25**	0.15*	0.28**	0.24**	0.11	0.36**	0.39**	0.43**	0.59**	0.64**	1	
人才市场绩效	5.28	1.17	0.19**	-0.03	-0.02	-0.09	-0.00	0.17*	0.20**	0.01	0.15*	0.33**	0.13	0.21**	0.70**	0.39**	0.60**	1

注：**p<0.01，*p<0.1。

品绩效之间呈负相关关系（-0.29，p<0.1），在添加控制变量之后，这种关系得到加强（0.32，p<0.1）。企业的政策性需求的满足对于人才和市场绩效呈正相关（0.16，p<0.1），但是在添加控制变量之后，这些关系并不显著。政府的支持性政策与人才和市场绩效之间呈正相关（0.30，p<0.001）。

四、结论和讨论

本章实证研究了政府政策、管理机构服务、企业评估和企业需求这 4 个因素对于园区内企业综合绩效的影响。结果显示，科技园所在地的政府和园区的管理者首先应该在政策环境和园区服务管理两方面考虑企业对于园区的期望和需求。另外，从企业的角度讲，在政府的政策和园区管理机构的服务对于所有入驻企业都是平等的情况下，可以通过对科技园区的评估，并结合自身的需求来评价入驻行为能否提升企业的全面绩效。

（一）政策环境因素的影响

科技园所在地区的政府为科技园的发展提供了政策、资金和市场等方面的支持以满足企业在此三方面的需求。作为在国内科技园或者科技园区的主要设立和建设机构，当地政府的作用必须得到发挥和重视。通常的看法是政府应该制定和实施适当的产业政策，使得与核心企业相关的企业能在地理位置上实现集聚，实现科技园内部的精细分工和产业链的完善。本章经过调研，认为政府的作用主要体现在政策、资金和市场三个方面。在调研中也发现，除了在技术和知识方面企业对于科技园的认同，其他因素都与科技园所在地区的政府对于企业在此三个方面期望得到满足有关。

从政府的角度出发，科技园的设立应该主要致力于满足于企业的技术性需求。企业自身条件和科技园区环境的匹配，才能够满足企业的技术性需求，在此情况下开展业务，企业才能获得良好的技术绩效。科技园的入驻企业大多是高新技术企业，满足企业的技术性需求有助于加强企业的资金绩效，但是数据分析可以看到，过分满足入驻企业的政策性需求却会削弱企业的资金绩效。除了满足企业的技术性需求，政府应该设立良好的科技园内部软硬件设施，发挥招商机构的服务作用。企业的技术性需求的满足、政府管理性政策、招商机构的服务对于企业的市场绩效也有一定的提高作用。同时，企业的人才和产品绩效同样对于企业的技术性需求呈显著正相关关系（0.27，$p<0.01$）。与前三个绩效不同的是，企业对于其市场性需求的强调会削弱其人才和产品绩效，市场性需求对于人才和产品绩效之间呈负相关关系。

（二）园区服务管理因素的影响

通过本章的分析，政府可以针对企业的不同需求来决定或者定位科技园区的作用。例如政府可以通过加强支持性政策，以提高企业的人才和市场绩效。数据分析表明，招商机构（园区）的服务作用对于企业的技术绩效和市场绩效显示出显著正相关关系，这在以往的文献研究中并没有得到学者的注意和强调。

本章主要考虑从企业的需求出发，评价主要服务的提供者——科技园的管理机构的服务。在本章的调研中，以北京市中关村海淀园为例，以"学习、创新、进取"的园区文化精神，实施"数字园区"的电子政务工程，营造新型的政府管理环境，提供适合高新技术企业发展的软硬件环境。另外，园区还针对新技术企业数量的不断增加和人才的频繁流动等特点，加强对于企业经办合同人员的培训，以使他们能够了解国家和北京市有关技术合同的政策。从这些调研的内容可以看出，政府设立高新技术园区是希望通过"温床效应"提升企业的技术和创新能力，但这些能力的提高与企业的自身条件密切相关。在调研中发现，中关村海淀园内部的企业有着明确的创新动力，并取得良好的结果，但有时候这些成果并没有得到外在的体现。正是园区的各种政策的激励，以及园区的良好的服务管理措施，使得企业积极申报其技术创新的成果，从而使得这些成果以注册和登记的形式得到外在的表现。

(三) 政策启示

产业集群观点更贴近竞争的本质，要求政府专注于消除妨碍生产力成长的障碍，强调通过竞争来促进集群产业的效率和创新，从而推动市场的不断拓展，繁荣区域和地方经济。地区性质的企业集群在区域内部创造了一个充满高水平创业活动的环境，有利于地方经济的发展，并为地方创造就业机会。本章的研究结果显示，政府的作用应该是考虑如何进一步聚集和集中相似的产业活动，以培育竞争环境和水平，提高知识的溢出效应。而一些其他政府的创新干预或者激励措施，如对高新技术企业的年度资格认定时，要把企业的专利和知识产权纳入考评的范围。集群区域内的高新技术企业可以获得一些优惠政策，例如税收减免等，所以企业有动力申请和获得高新技术企业的认证。但是从本章的分析结果看，这项措施可能并不是一个长远的办法，短期内，企业可能通过把以往的技术积累形式化以获得通过资格认证；长期而言，企业的创新依旧依靠良好的园区竞争环境。

第八章

政府的引导作用对于集群中企业创新绩效的影响

产业集群（Industrial Clusters）是指在特定区域内，具有竞争与合作关系，且在地理上集中，有交互关联性的企业组成的群体，不同产业集群的纵深程度和复杂性相异（Porter，1990；Harrison 等，1996）。经济活动的地理集中是集群的一个重要特点（Krugman，1991）。地区性企业集群内部的企业在创新绩效、增长率等方面，相对于集群之外的企业具有一定的竞争优势。产业集群已经成为介于企业科层组织和市场组织之间的中间性组织形式，是一种能够降低交易费用的组织制度创新。产业集群的经营模式把具有一定产业联结度的大企业和小企业实现空间和地理性的聚集，形成共同合作的经济共同体。在这样的集群内部，企业之间相互影响和技术扩散，充分获得外部经济。然而，集群优势往往是一个技术创新导致的报酬递增的结果，技术创新带有偶然性，来源于产业集群区域的文化、创新激励和制度环境。参与集群创新的主体不仅包括集群内部的大企业和小企业，也包括像政府（中央和地方）这样的政策制定和决策机构。

在国内，集群区域政府的作用在产业集群的形成过程中以及在集群的发展过程中显得十分重要。现有的政府行为对集群内部企业创新影响的研究是单方面的政策性研究（蒋东仁，2006；潘雄锋，2005），很少从企业需求角度解释政府行为对于企业的绩效影响。政府的政策引导和资金支持对于集群中企业的创新绩效水平起着重要的作用。企业获得集群所能提供的支持，以及利用集群所创造的环境，从而提升企业本身的技术能力和创新绩效。

本章试图研究政府的政策引导和资金支持作用对于集群内部企业创新绩效的影响，并对比分析在不同性质的产业集群内部，这些政策措施和资金支持的作用效果。此外，本章还认为，企业的规模也会决定其是否能够利用政府所提供的政策和资金支持。本章的实证研究，加强了人们对于集群中政府政策和资金支持对于企业的技术能力及创新绩效之间关系的理解。此外，以往的研究并没有甄别对于不同的企业规模以及不同的集群属性而言，政府的政策和资金支持会产生不同的影响，本研究会特别给予关注。本章的研究结果显示，政府在政策制定时应该考虑不同的企业规模和集群属性，才能有效地帮助提高企业的创新能力和水平。

一、文献综述

（一）集群对企业创新的促进作用

集群与创新的关系尤其体现在创新型企业集群内部，例如科技型创业企业。集群企业的创新活动构成了集群创新系统，魏江（2004）提出了集群创新系统定义，认为对于企业来讲，要始终保持对顾客并依据相关利益者的期望，不断调整其产品和服务。同时，企业还要关注竞争对手的新产品、新技术，时刻明确自己在竞争中的市场地位。

所以，企业集群不但能够帮助那些资源和能力有限的小企业获得技术能力和创新能力，并依据相关利益者的期望调整所提供的产品和服务，而且能够通过加强集群内部的竞争环境，提高大规模企业的核心能力，并通过产品或者服务创新努力，提高企业的市场竞争地位。

（二）企业规模对于创新绩效的影响

对于集群效应的受益程度，因企业的规模而不同。Shaver 和 Flyer（2000）研究发现，当产业集群在某一区域高度集中时，集群会对企业的生存产生负面影响。然而，"弱"企业却能够比"强"企业更加能够利用集群效应。Chung 和 Kanins（2001）的研究也表明，新进入集群的企业或者年轻的企业，由于它们的新颖特征，没有历史形成的路径依赖和组织惯性的约束，尤其是较小规模的企业，相对于那些成熟的企业更加能够利用集群所带来的益处。

企业的规模是影响企业决策和行为的一个重要属性（Nadler 和 Tushman，1988）。Shan 和 Hamilton（1991）的实证研究结果表明，小企业比大企业更容易和其他企业进行合作。小企业易于寻找外部支持，以加强对于环境的监视能力，并克服缺少关键技术和资源的自身缺点。企业的规模影响企业的绩效、利润和生存（Hall 和 Weiss，1967；Freeman，Carroll 和 Hannan，1983）。虽然企业规模增加会提高其生存能力和绩效水平（Singh，Tucker 和 House，1986），但小企业可以通过与其他企业的合作和在集群中的学习，迅速提高自己的技术能力。新生和年轻的企业更加容易受集群环境的影响，集群内部的新进入企业可以获得良好的创新和增长绩效。所以本章有以下的假设：

假设 1：集群内部规模较小的企业相对于大规模企业而言，具有较强的技术和创新能力。

（三）集群性质对于创新绩效的影响

不同地理区域内的产业集群所聚集的企业类型是不同的，从而集群的性质也不同，例如有综合性科技园区、基础科学研究园区、技术研发科技园、软件工业园、大规模生产基地等类型的产业集群。研究发现，产业集群的地理区域对于集群内部的企业绩效有显著影响。Chung 和 Kanins（2001）认为，在某一地理区域内存在众多相似的企业所创造的需求外部性，会导致这些企业经济租的增加，他们发现小企业是这些收益的最大受益者。小企业之所以能够受益是因为它们能够利用增加的集群客户数量。集群内大企业的声望会将客户吸引到集群所在的区域，所以小企业更容易向目标市场展示它们的产品和服务。

企业会选择与自己性质相近的集群开展业务，如软件企业会选择软件园，而不是在一个制造业基地设置办公机构。研究发现，企业从外部环境吸收知识，或者利用集群内知识传播的外溢效应，要求企业的核心技术必须与环境知识有一定的联系（Cohen 和 Levinthal，1990）。因为新企业通常会选择区域内存在众多与自己有类似经营行为企业的集群（Baum 和 Haveman，1997；Furman，2003），所以新企业的创新活动与集群的地理位置密切相关，或者说与政府对于集群性质的定义密切相关，集群属性决定了区域内的技术和知识内容（Bresnahan 等，2001；Niosi 和 Bas，2001）。当集群区域内部聚集了大量的从事类似创新活动的企业时，这个有着技术相似性的企业群体能够高效地共享知识的外溢效应。相比较于集群之外的企业，新企业更加容易从集群环境吸取其必要的技术和知识（Rosenkopf 和 Nerkar，2001）。本章认为，企业会选择在与自己企业技术性质类似的集群开展业务，企业创新绩效会因集群属性不同而有差别，所以有如下的假设：

假设 2：不同属性集群内部企业的创新绩效存在差异。

(四)　政府政策和资金支持对于企业创新绩效的影响

集群所在区域的政府为集群的发展提供了政策和资金等方面的支持，例如国内各地方政府设立科技园区以促使产业集群在此地区的形成和发展。企业进驻科技园无非是想获得资源与支持，如果进驻科技园区不能给企业带来区别于园外企业的竞争优势，那么科技园的作用就有待商榷（杨震宁，2007）。同样，这些论述也适合于集群企业。

作为集群或者科技园区设立者和管理机构，政府的作用必须得到发挥和重视。通常的看法是政府应该制定和实施适当的产业政策，使得与核心产业相关的企业能在地理位置上实现集聚，实现集群内部的精细分工和产业链的完善。本章经过调研，认为政府的作用主要体现在科技政策和资金政策两个方面。在调研中发现，除了在技术和知识方面企业对于集群产生认同，企业之所以在某一个产业集群开展业务，与集群所在地区的政府对于企业在这两个方面的期望得到满足有关。

首先在政策支持方面，本研究主要从企业的需求出发，评价主要政策支持的提供者——集群的管理机构所制定和实施的相关政策。在国内很多地区，产业集群多是以科技园区的形式存在，当地政府的科学技术委员会或者其下属的园区管理委员会负责对这些企业进行管理，对于高新技术企业而言尤为如此。本章主要关注这些管理机构能否在企业和政府之间起到桥梁中介作用，沟通企业的需求和政府对于经济发展的要求；能否帮助企业获得当地政府的相关政策支持；对于新企业而言，管理机构能否帮助企业考察当地环境，简化相关手续，以使得企业尽快开展业务，步入正轨发展；管理机构所设立较为成熟的中介机构的作用。

其次是资金方面的支持。集群地区的当地政府为促进企业的发展提供资金支持和融资渠道；或者直接帮助企业取得银行贷款；同时，政府还需要帮助企业寻找当地的投资渠道，在集群内建立新企业。从调研的实际情况看，企业对于融投资和税务咨询服务的需求是政府或者其设立中介机构的工作重点。基于以上的论述得到如下假设：

假设 3：政府在政策和资金方面的支持与企业的创新绩效成正相关关系。

（五）概念模型

基于国内外研究现状分析，本章发现：目前的研究在考虑政府的政策和资金支持对于企业创新绩效的提升作用的同时，并没有依据企业规模和集群性质而有差别地分析这种提升作用发挥的程度。通过文献回顾，本章确定了研究的问题并提出研究模型（见图 8-1），在此框架下分析企业的创新绩效是十分必要的。本章将实证分析政府的影响对于集群内部企业技术创新绩效的作用，但是对于不同规模的企业和不同类型的集群其作用程度不同。

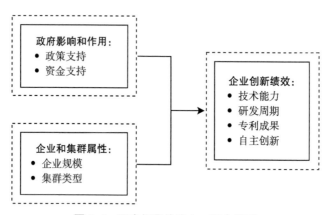

图 8-1　研究问题的确立：概念模型

二、研究方法

（一）研究样本

2006~2007 年，本课题小组对于国内的几个重要科技园区进行调研，问卷的设计主要是基于这些调研的内容。问卷样本来自深圳市高新区、深圳软件园、昆山清华科技园、北京清华科技园、北京大兴科技园、北京顺义科技园、北京中关村科技园和南宁高新区，共发放问卷 450 份。75 家企业的主要负责人和技术管理人员参与了最终的问卷调查，回收有效问卷 218 份，有效问卷回收率 48.4%。填写对象为企业高层和技术部门的管理人员，其中包括同一家公司中不同层次的人员填写的问卷。

（二）变量的测量

在问卷设计中，企业规模变量根据企业的员工人数考虑分为 5 类，分别是：100 人以下、101~500 人、501~1000 人、1001~3000 人和 3001 人以上。在采用数据处理时，本章仅纳入了 100 人以下、101~500 人、501~1000 人、1001~3000 人 4 个类别，把 3001 人以上作为比较基准，主要考虑小企业在集群中的创新能力与大规模企业的对比。对于每一个规模类别的测量使用虚拟变量，"1"代表此规模类别，"0"代表其他。

集群属性变量主要考虑企业进驻的科技园区的性质，分为 5 类：即综合性科技园区、基础科学研究园区、技术研发科技园、软件工业园和大规模生产基地。在数据处理时，考虑综合性科技园区、基础科学研究园区、技术研发科技园、软件工业园 4 类，把大规模生产基地作为比较基准。对于每一个性质类别的测量使用虚拟变量，"1"代表此性质类别，"0"代表其他。

政府的影响和作用测量采用杨震宁等（2007）的分析，把政府的作用分为政策支持和资金支持两个部分。

绩效测量主要关注集群内部企业的技术和创新能力，对于企业技术和创新能力的测量包括四个方面：技术能力、研发周期、专利成果、自主创新。将以上的测量指标分别设计成调研问卷，问卷条目采用了 7 分制里克特尺度，被试者根据自己对各条目的评估打分表示其不同意和同意的程度（"1"表示完全不同意；"7"表示完全同意）。

为了检验文献综述中所提出的研究假设，本章主要利用 Stata SE 8 软件作为分析工具。本章建立了 4 个回归模型，分别检验企业规模、集群性质和政府的作用对于企业技术和创新绩效的影响。

三、结果分析

表 8-1 是描述性统计结果以及相关分析矩阵。模型和回归分析的结果如表 8-2 所示，本文分别以企业的技术能力、研发周期、专利成果、自主创新作为因变量进行回归分析。

从分析结果可以看出，集群内部企业的规模对于企业的技术和创新能力没有显著的关系，假设 1 没有能够得到验证。但是从数据分析的结果依旧可以看出，企业规模对于技术能力的影响趋势，相对于大规模的企业而言（>3000 人），规模越小的企业所体现出的技术和创新能力越强。但是 501~1000 人的规模对于企业的创新能力是一个转折点，此时企业的技术和创新能力降到低点。在集群内部，小企业能够

表 8-1　描述性统计和相关矩阵

	Mean	S.D.	1	2	3	4	5	6	7	8	9	10	11	12	13	14	15	16	17	18	19	20	21
技术能力	5.32	1.09	1																				
研发周期	5.35	1.09	0.39**	1																			
专利成果	5.29	1.53	0.26**	0.32**	1																		
自主创新	5.26	1.32	0.34**	0.26**	0.67**	1																	
<100人	0.61	0.49	0.05	-0.02	-0.06	0.11	1																
<500人	0.32	0.47	-0.06	0.03	0.04	-0.06	0.86**	1															
<1000人	0.01	0.10	0.02	-0.03	-0.05	-0.06	-0.12	-0.07	1														
<3000人	0.06	0.23	0.02	0.00	0.07	-0.09	-0.31	0.16*	-0.02	1													
综合性	0.07	0.26	-0.02	0.06	-0.01	0.01	0.14*	0.04	-0.03	0.24**	1												
基础科学	0.55	0.50	0.03	-0.01	0.08	0.05	0.27**	0.19**	-0.01	-0.16*	-0.31**	1											
技术研发	0.17	0.37	0.11	0.04	0.00	0.00	0.07	-0.06	-0.04	0.00	-0.13	-0.49**	1										
软件工业	0.09	0.29	-0.11	-0.10	-0.11	0.01	0.09	-0.05	-0.03	-0.08	-0.09	-0.35**	-0.14*	1									
财政支持	5.98	1.39	0.33**	0.28**	0.19**	0.19**	0.04	0.03	-0.10	-0.10	-0.06	0.21**	0.00	-0.03	1								
政策支持	6.00	1.14	0.29**	0.36**	0.23**	0.23**	0.13*	-0.02	-0.09	-0.19**	0.03	0.19**	-0.07	-0.04	0.74**	1							
了解环境	5.71	1.25	0.33**	-0.38**	0.23**	0.29**	0.03	0.10	-0.13	-0.23**	-0.05	0.18**	-0.06	0.01	0.69**	0.66**	1						
服务效率	5.78	1.27	0.25**	0.23**	0.21**	0.18**	0.06	-0.04	0.02	-0.04	0.02	0.05	-0.03	0.06	0.58**	0.55**	0.48**	1					
人才中介	5.72	1.33	0.19**	0.13	0.20**	0.19**	0.21**	-0.13	-0.13	-0.14*	-0.09	0.28**	-0.08	0.10	0.62**	0.47**	0.46**	0.45**	1				
融资渠道	5.32	1.60	0.24**	0.18**	0.05	0.23**	0.12	-0.15*	-0.02	0.03	-0.11	0.23**	-0.15*	0.05	0.56**	0.49**	0.43**	0.40**	0.38**	1			
银行贷款	5.83	1.31	0.31**	0.17**	0.27**	0.27**	0.22**	-0.16*	-0.10	-0.09	-0.02	0.32**	-0.10	0.02	0.63**	0.52**	0.48**	0.37**	0.67**	0.51**	1		
投资渠道	5.76	1.43	0.22**	0.17**	0.28**	0.28**	0.24**	-0.21**	-0.15*	-0.02	-0.03	0.24**	0.01	0.04	0.52**	0.46**	0.38**	0.51**	0.59**	0.37**	0.73**	1	
金融咨询	5.61	1.24	0.25**	0.12	0.14*	0.32**	0.23**	-0.16*	-0.09	-0.13*	-0.03	0.08	0.05	0.07	0.49**	0.48**	0.39**	0.40**	0.52**	0.49**	0.67**	0.67**	1

注：**p<0.01，*p<0.05，n=218。

表 8-2　模型和统计分析结果

变量模型		M1 技术能力	M2 研发周期	M3 专利成果	M4 自主创新
企业规模 （人）	小于 100	0.48	0.52	0.25	−0.24
	101~500	0.41	0.44	0.15	−0.27
	501~1000	0.15	0.12	0.04	−0.05
	1001~3000	0.29	0.28	0.06	−0.16
集群类型	综合性	−0.05	−0.05	0.10	0.02
	基础科学	−0.13	0.24*	0.08	−0.08
	技术研发	0.05	−0.09	0.02	−0.02
	软件工业	0.17**	−0.18*	0.16*	−0.07
政策支持	当地财政支持	0.04	−0.04	−0.17	−0.17*
	相关政策支持	0.04	0.14	0.18*	0.01
	了解政策环境	0.23**	−0.40**	0.08	0.23**
	提高服务效率	0.09	−0.01	0.05	−0.05
	设立人才中介	−0.07	−0.04	0.02	−0.02
资金支持	融资渠道	−0.03	0.03	−0.28**	0.05
	银行贷款	0.29**	−0.03	0.24*	0.02
	投资渠道	−0.04	0.11	0.12*	0.13
	金融税务咨询	−0.03	−0.09	−0.07	0.18
Model F		7.5**	7.9**	7.1**	8.6***
Adjusted R^2		0.41	0.43	0.39	0.47

注：*$p<0.05$，**$p<0.01$，n=218。

因为其创业精神和创新意识而获得较高水平的技术和创新结果，而较大规模的企业也因为其技术储备、规范管理以及规模经济等因素而获得高水平的技术和创新水平，这些问题有待于进一步的研究。

关于集群类型对于企业技术和创新绩效的影响，假设 2 只有部分得到证实。统计分析结果显示，相对于大规模制造基地性质的高科技园区，软件工业园区的技术能力提高（0.17，$p<0.01$）、研发周期的缩短（−0.18，$p<0.05$）、专利成果的获得（0.16，$p<0.05$）具有显著的影响效果；而基础科学园区内的企业，相对于大规模制造基地的企业，有着更长的研发周期（0.24，$p<0.05$）。综合性开发区、技术研发性质的开发区对于比较结果没有表现出显著水平。

对于政府政策支持的作用（假设 3），分析结果显示集群所在当地的政府给予过多的财政支持，并不能够明显提升企业的技术和创新能力。政府为集群内部的企业提供各种财政优惠政策，而企业往往把集群内部的这种优惠政策看成是应该享受的、自然而然的行为，所以企业往往会忽略政府的财政支持对于企业创新行为的作用。数据分析显示，过多的地方财政支持会抑制企业的自我创新能力（-0.17，$p<0.05$），而其他一些相关政策保护，例如知识产权的保护，则会提高企业的专利成果水平（0.18，$p<0.05$）。在政策支持方面，企业最需要集群区域的地方政府帮助其了解政策环境，或者说沟通企业内部以及集群内部与外界的信息。从表 8-2 可以看出，帮助企业了解政策环境对于企业技术能力的提升（0.23，$p<0.01$），缩短企业的研发周期（-0.40，$p<0.01$），提升自主创新的水平（0.23，$p<0.01$）都有显著的正向结果。

在这里尤其需要注意的是，在政策支持的条目中，由政府机构设立的人才中介机构，对于本章涉及的 4 个因变量都没有显著的影响。由此可以看出，地域性质的人才政策会吸引关键性技术人才到集群内部的企业就职，但由政府主管的人才中介机构并不能起到重要的作用。

在政府的资金支持方面，只有帮助企业获得银行贷款对于技术能力提升（0.29，$p<0.01$）和企业专利水平（0.24，$p<0.01$）的回归结果显著。

在调研中，本章发现很多企业并不需要政府对于企业的全面或者过多的政策和资金支持，良好的竞争环境是必要的。企业更看重政府的信息中介和服务的作用，在政策和资金方面过多的支持反而不利于企业技术能力的成长。集群内部过于优惠的政策环境，会吸引太多没有竞争力的企业涌入集群，从而造成集群内部企业各种运营成本的上升，而企业所获得的知识溢出效应已经不能够弥补这些成本增加造成的损失。随着企业本身的发展和成熟，集群也在共同演进，一些在集群形成的初级阶段所实施的政府政策，已经不能够对成熟的集群企业产生吸引力。如果集群不能够随着企业的成熟而调整，企业最终会选择向与自己发展阶段相匹配的集群地区流动。

四、结论和政策启示

（一）主要结论

本章实证研究了政府的政策和资金支持对于集群内企业技术和创新绩效的影响，并分析了企业规模和集群性质对于创新绩效的作用。尤其重要的是，本章发现，对于不同规模的企业以及不同性质的集群，政府的影响和作用的程度也不同。虽然企业规模和创新能力之间存在一定的相关关系，但数据分析的结果并没有表现出显著的水平；集群的属性对企业创新能力部分表现出显著相关水平，尤其软件工业园内的企业创新水平比其他集群要高；基础科学园区内的企业，相对于大规模制造基地的企业，有着更长的研发周期；综合性集群、技术研发性质的集群对于比较结果没有表现出显著水平。企业选择合适的地理位置集群的同时，也应该更多考虑企业本身是否与集群的性质相一致，这种相一致的选择会确保企业的产品或者服务有广阔的市场空间。

本章研究发现，集群区域的政府管理机构应该加强自己的服务角色，起到良好的中介和引导作用。从回归分析结果看，政府的一些直接资金援助措施对于企业技术和创新能力的提升并没有显著的结果，而一些间接的、不是针对企业而关注集群环境的措施（如了解政策环境）却对于创新绩效的提升表现出显著的水平。

（二）政策启示

本章经过调研，认为政府的作用主要体现在政策和资金两个方面。第一，政策支持。从当地政府开始制定科技园区的发展战略开始，政府相关政策的落实对园区内部企业的发展和绩效企业有重要的作用。以海淀园为例，2000 年发布的《中关村科技园区条例》、2001 年的《北京市关于进一步促进高新技术产业发展的若干规定》和 2002 年实施的《北京市技术市场条例》等地方法规和文件的落实，推动并支持高新技术成果转化为现实生产力，鼓励科技成果的拥有者将高新技术快速转移到产业应用中，加速了科技成果和创新知识的商品化。

第二，资金支持。政府为促进企业的发展提供资金支持和融资渠道，或者直接帮助企业取得银行贷款；另外，政府还需要帮助企业寻找当地的投资渠道，帮助和便利新企业在集群内的建立。从调研的实际情况看，企业对于融投资和税务咨询服务的需求也是当地政府或者其设立中介机构的工作重点。以中关村海淀园为例，1999 年设立科技型中小企业创新基金，到 2004 年有 257 个项目获得基金资助，资金额度达 20420 万元。这些措施缓解了园区企业资金匮乏，提高了园区高新技术企业的技术创新能力。本章分析结果显示，资金支持（如银行贷款）有助于提高企业技术能力和专利成果水平。

在评价政策和资金支持对于企业创新绩效提升的同时，应该考虑到其可能的负面影响。对于一些政府的创新干预或者激励措施，如对高新技术企业的年度资格认定时，应把企业的专利和知识产权纳入考评的范围，集群区域内的高新技术企业因此可以获得一些优惠政策，例如税收减免等，所以企业有动力申请和获得高新技术企业的认证。但是从本章的研究结果看，这项措施可能并不是一个长远的办法，短期内企业可能通过把以往的技术积累形式化（申请专利），以获得或者通过资格认证。长期而言，企业的创新依旧依靠良好的集群竞争环境。

基于以上分析，本章认为对于政府的政策启示如下：

首先，产业集群要求政府重新思考技术创新评价体系和其角色定位。创新绩效往往是企业获得政府政策和资金支持的重要指标，政府的政策和资金支持的对象也是那些创新绩效良好的企业。通过本章的研究，政府所提供的政策和资金支持对于不同规模和不同集群属性企业产生的影响不同。例如小企业可能有更高的创新绩效，而软件工业园集群内部的企业比其他性质集群的企业也有更高的创新绩效。政府管理部门不能以相同的创新绩效标准来要求这些集群企业和集群，在进行创新绩效评估时应该考虑集群的属性和企业规模的大小。

产业集群观点更贴近竞争的本质，要求政府专注于消除妨碍生产力成长的障碍，强调通过竞争来促进集群企业的效率和创新，从而推动市场的不断拓展，繁荣区域和地方经济。地区性质的企业集群在区域内部创造了一个充满高水平创业活动的环境，有利于地方经济的发展（Malecki，1985），并为地方创造就业机会（Gilbert 等，2004）。

其次，政府的作用应该是考虑如何进一步聚集和集中相似的产业活动，有意识地创造和明确集群属性，以培育竞争环境和水平，提高知识的溢出效应。例如作为本章调研的一个重点区域，北京市中关村科技园海淀园，虽然其并没有一个明显的地理范围的限制，但是当地政府有意识地引导形成园区的专业化，形成"一区多园"的现象，即主要以信息技术、生物工程、新材料应用和新能源为主题的专业园区。对于创新绩效而言的知识溢出效应强调知识在集群区域内的有效转移机制，它使得企业了解技术创新是有可能的。孵化器机构对于技术的商业化应用具有重要的作用，如海淀园在北京市海淀区上地设立的留学生创业园，是一个典型的孵化机构。政府的作用是便于企业之间信息的沟通和获得，或者通过培训计划帮助集群内部的员工提高技术能力，增加技术人员的流动性，创造一个知识在集群地域内的企业之间能够良好扩散的环境。

第九章

企业资源管理和内部学习
对于绩效的影响分析

资源基础观认为企业可以通过开发有价值的资源和能力获得持续的竞争优势，占有某种独特知识的组织，能够随时利用其创造独特的技术和能力。资源基础观认为可以在要素市场获得的资源和企业内部自己开发的资源之间的不同。为了获得竞争优势，资源不能够被所有的竞争企业所占有，资源必须是难以通过其他方式模仿或者复制，并对于企业的绩效产生贡献。

本章认为，企业的内部学习能力和企业的资源管理水平等这些在企业内部的产生和发展的资源或者能力导致了超过竞争对手的绩效，而这种资源和能力是竞争对手不能够在要素市场获得的，所以可以导致企业的竞争优势。总之，以往基于资源基础视角的研究都关注于相对于竞争对手而言的企业资源特性，而不是资源或者能力在企业内部的开发。另外一些研究则关注于如果企业可以获得所有资源，为什么在短期内资源是难以获得的。本章试图从企业资源管理和企业内部学习两个角度分析它们对于企业绩效的影响。

一、文献综述和模型

(一) 资源基础观

资源基础观是战略领域中被接受和认可的最广泛理论范式之一。因此，许多学术期刊和专著中的观点都以此为基础，使得资源基础观成为战略管理领域一个主导性的理论。资源基础观试图通过明确企业资源的不同，以解释企业绩效的持续不同。有价值的、稀缺的企业资源能够产生超过竞争对手的竞争优势，因而导致良好的财务绩效。企业为了维持这种竞争优势，资源必须是不可模仿和不可替代的，以阻止竞争对手通过复制这些资源而分享收益。企业竞争优势的持续直接与"隔离机制"的力度相关，例如企业的特质（Firm Specificity）、因果不明（Causal Ambiguity）、社会复杂性（Social Complexity）、路径依赖（Path Dependence）等特征，它们限制竞争对手对于企业资源的模仿。

在构建 VRIN 模型框架的同时，Barney 注意到企业的资源不应该仅仅是有价值的、稀缺的、不可模仿和不可复制的，为了获得良好的绩效，企业必须具备一个合适的组织结构，以便利用这些资源所带来的优势。Eisenhardt 和 Martin 在解释动态能力的概念的时候，认为除了资源本身以外，企业的组织和战略流程也非常重要，因为它们便利于资源在价值创造战略过程中的应用。实证研究主要关注资源的特性或者内容对于绩效的影响，而很少注意如何有效管理和应用这些资源。

（二）资源基础理论的实证研究

在一个理论被接受之前，必须经过重复的实证真伪检验。近年来，基于资源基础理论假设的实证检验越来越多，它们大部分都是验证企业的某种特殊资源对于全面绩效的影响。

一些研究者不再仅仅采用资源的特性作为自变量来分析其对于企业绩效的影响。如 Ray 等使用商业流程的有效性作为解释变量，以此检验其对于企业绩效的影响。一些学者分析了具体的组织要素对于企业绩效的影响，例如 Huselid 等分析了企业的人力资源管理能力与绩效的关系。Barnett 等分析了企业参与市场竞争的历史经验同现在绩效之间的关系。Markides 和 Williamson 分析了不同类型的企业资产和企业销售回报的关系。Farjoun 分析了企业的物质和技术资产对于包括 4 个方面内容的企业绩效之间的关系。他们都试图从其他角度来讨论企业资源对于绩效的影响。

Schroeder 等实证检验了制造业中的企业战略和绩效之间的关系，他们分析了制造企业的资源和能力，这些不能够被复制的能力是通过内部学习、外部学习以及企业内部制造流程和设备等因素形成的。Wiklund 和 Shepherd 分析了中小型企业内基于知识的资源、创业导向和绩效之间的关系。Ahuja 和 Katila 分析了企业资源的来源问题，通过对于美国化工企业的技术能力获得问题的分析，发现企业资源的来源具有演化的特征。Hatch 和 Dyer 把企业的人力资本和学习作为一种可以带来持续竞争优势的资源来分析。Song 等认为，企业可以通过资源整合来提高现有资源对于企业绩效的影响作用，他们实证分析了市场资源和技术资源的互动对于企业绩效的影响。

以上的这些实证研究基本都在说明企业的某种资源可以带来竞争优势，并提高企业的绩效，它们并没有直接去验证 Barney 的概念模型。Newbert 认为，既然资源基础关假设对于有价值的、稀有的资源的开发和利用有助于提升企业的竞争优势，从而提升企业的经营绩效，但是很少有实证研究在概念层面直接检验这些假设。因此，Newbert 实证检验了价值、稀缺性、竞争优势和绩效之间的关系，结果显示，价值和稀缺性与竞争优势相关，竞争优势则与绩效相关，而竞争优势可以调节稀缺性和绩效之间的关系。

Barney 和 Arikan 对之前出版的 166 篇关于资源基础理论的论文做了评价，在这 166 篇学术著作中只有 4 篇（2%）与资源基础理论的假设不一致，他们试图就此说明资源基础理论的观点是"真实的"。Newbert 对于资源基础观的实证研究做了总结，并认为所有的研究可以分为 3 种。第一种是概念层面的方法（Conceptual-Level Approach），这种方法并没有直接明确那些能够为企业带来竞争优势的真实资源和能力，而是验证 Barney 所陈述的 4 种资源特性是否能够作为重要的指标，对企业的竞争优势有效产生影响。例如 King 和 Zeithaml 在阐明了企业绩效由企业所持有的资源是不是有价值的、稀缺的、不可模仿的、缺少替代等特征决定的，接着他们又检验企业能力的因果不明特性（资源不可模仿特征的一个维度）对于绩效的影响。当然 Newbert 的研究也属于这种方法。第二种是组织的方法（Organizing Approach），此方法试图明确一些能够有效利用资源和能力的企业层面条件。例如 Wiklund 和 Shepherd 引用了 Barney 的 VRIN 框架，并认为除了占有具备这 4 种特征的资源之外，企业还必须配合组织结构和管理以利用这些资源带来的优势。第三种是动态能力的方法（Dynamic Capabilities Approach），通过把具体资源和能力的互动过程作为自变量来解释企业竞争地位的提高，并检验其和竞争优势或者绩效之间的关系。例如 Teece 等、Eisenhardt 和 Martin。Zhu 和 Kraemer 认为，企业必须占有和利用有价值的、稀缺的、不可模仿的和不可替代的资源，以取得超过竞争对手的优势。Zhu 和 Kraemer 验证了企业的信息技术基础设施（作为资源）和电子商务能力（作为动态能力）对于绩效的影响。

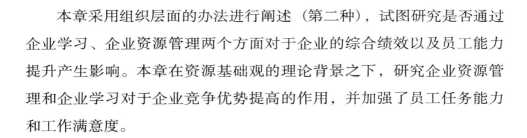

本章采用组织层面的办法进行阐述（第二种），试图研究是否通过企业学习、企业资源管理两个方面对于企业的综合绩效以及员工能力提升产生影响。本章在资源基础观的理论背景之下，研究企业资源管理和企业学习对于企业竞争优势提高的作用，并加强了员工任务能力和工作满意度。

（三）模型与假设

本章主要研究国内科技企业的内部学习和资源管理，以及它们和绩效的关系。企业资源管理主要包括 5 个维度，即企业资源获取管理、信息收集和分析管理、企业产品和资源释放管理、企业内部组织管理以及外部关系协调管理。企业学习主要考虑企业内部知识和经验学习，以及企业内部员工的成长。作为资源，这两点都是难以被竞争对手模仿或者复制的。两者的共同作用，对于企业绩效和员工能力提高都产生了积极的影响。

1. 资源管理

赵剑波等的研究认为，在变化的竞争环境中，企业必须能够做到更新企业资源，收集、分析和利用环境变化的信息，进行产品和资源释放或变现，有效的内部组织管理与整合以及协调其外部关系。本章认为这五个方面的维度构成的企业资源管理对企业在超竞争环境下获取竞争优势和组织绩效有积极的正向影响作用。企业资源获取是指企业根据竞争环境变化而获得树立竞争优势所需要的资源的技术和知识。因此，根据环境的变化获取其竞争优势建立所必需的资源对组织绩效和竞争优势会有积极的促进作用。信息搜集和分析指企业搜集和更新与环境变化相关的信息，这样的企业往往能够很快地对市场变化做出反应，树立先发优势。企业的资源释放应当包括在产品市场上对已利用资源生产的成品和服务的变现以及要素市场对富余资源的处置两方面。内部组织整合是指企业在协调和组织内部人员、资源以及生产规模以适应竞争环境变化过程中的管理过程。动态外部协调是指企业维持与政府部门、顾客以及供应商之间的相互关系以适应竞争环境的要求。他们实证研究了企业资源管理内容由资源获取管理、信息搜集和分析管理、资源价值变现管理、内部组织管理以及外部关系协调管理5个维度构成，结果表明企业资源管理水平与其综合绩效呈正相关关系。

2. 企业内部学习

基于资源基础理论的企业学习的概念主要聚焦于企业所独有的知识、因果关系的模糊和社会复杂性要素，这些都会导致竞争优势，并涉及在企业内部的转移问题。内部学习包括跨部门的员工培训和在流程及产品开发中采纳员工的建议。这些实践活动导致一个具有适应性的工作组织，它对于绩效的影响没有被人们充分认识。企业内部学习过程是一个改变企业惯例的惯例（Routine-changing Routines），促进企业路径依赖的发展。本章主要关注企业的学习习惯（Learning Routines），主要参考 Pisano 提出的事前学习的概念（Learning-before-doing），Adler 和 Clark 也曾经实证研究了制造业中学习和绩效的正相关关系。Prusak 认为，学习是企业持续竞争优势的唯一来源。学习包括企业内部有组织的经验学习和培训，也有出于员工意识而自发的学习。学习的方法和内容难于编码，正是基于这点，导致了企业资源利用的因果模糊。此外，企业的支持和内部的协作也对学习过程有一定的影响。企业内部学习的内容是知识和经验，而学习是企业对于人力资本的一种投资，其绩效是提高企业的人力资本。

3. 知识和经验

组织知识是各种无形资产的集合，它可以为企业带来持续的竞争优势。实际上，因为其不可流动性和广泛应用性，知识被认为是所有企业资源中最为重要的持续竞争优势的源泉。知识可以使得企业能够精确预测环境中变革的本质和潜在的商业价值，以及所采取战略和战术行动的恰当性。没有知识，企业便不能发现和利用新机会。

知识分为程序性知识（Procedural Knowledge）和陈述性知识（Declarative Knowledge），本章主要研究企业程序性知识的学习，程序性知识是指通过实际经验和类似的情况了解处理程序，从而获悉如何处理一些事务。程序性知识难于正式化和表述，以及在难于组织情境中的传递，因此满足资源基础观的稀缺和不可模仿的标准。程序性知识可以通过企业内部的经验推广学习、员工间的口口相授的办法在企业内部传播，企业也可以通过研讨行业内其他企业的成功经验，吸取行业内其他企业失败的教训获得程序性知识。

4. 人力资本

资源基础观认为，人力资本因为其不可模仿的特征也可以为企业带来竞争优势。企业的内部学习（如经验学习、解决问题等）会导致员工的能力成长，对于企业而言是对于人力资本的投资，并对企业绩效产生显著影响。同时，学习可以提高员工的工作满意度，降低其离职率。这些措施降低了员工和知识在行业内的流动性，可以让企业保持其持续的竞争优势。

在企业内部的学习过程中，人力资本变得更富有企业的特性。对于竞争企业而言，这些人力资本对于本企业更有用。具有企业特性的人力资本是一种隐性知识，并且是难以模仿的。人力资源的学习能力通过这些人力资本投资过程而得以加强。

学习过程创造了特殊的人力资本（隐性知识），从而加强了公司的绩效。资源基础观认为，当具有优势的人力资本，尤其是具备企业特性时，可以创造竞争优势并降低企业的产品或者服务成本。随着员工获得越来越多的企业知识，他们也会成为企业越来越难以模仿的资源，并成为企业竞争优势的来源之一。

（四）变量和测量

因为隔离机制的存在，使得资源不能够被竞争对手模仿，同样也使得研究者难以明确、测量和估计资源与竞争优势之间的关系。本章主要通过企业家访谈和学者讨论过程逐步形成了对于企业资源管理和内部学习的测量量表。

1. 企业资源管理测量

对于资源管理测量使用赵剑波等的量表，企业资源管理主要包括5个维度，即企业资源获取管理、信息收集和分析管理、企业产品和资源释放管理、企业内部组织管理以及外部关系协调管理，这5个维度又由22个题项构成。

2. 企业内部学习

企业学习变量在实践中非常难以量化。通过企业家访谈以及与管理学者的交流，本章主要从3个方面考虑企业的内部学习，即企业对待经验性学习与积累的行为、企业内部在技术和管理上给予的支持、企业员工对于学习的意识和态度，共13个题项。

对于企业内部学习的测量项目和效度检验如表9-1所示。因为在调研的访谈中发现，问卷的条目越详细，这些变量的构念有效性越高。因此，本章在问卷设计的各个子项都非常具体化。关于构念有效性，企业内部学习3个维度的内部一致性系数分别是0.861、0.893、0.834。另外，其旋转因子负荷可以清晰地显示出这3个因子，如表9-2所示。

表9-1　企业内部学习的维度和测量

量表题项	Communalities	Alpha
企业经验学习与积累		
在组织内部推广成功经验	0.712	**0.861**
重视吸取失误的教训	0.799	
研讨行业内其他企业的成功经验	0.660	
重视吸取行业内其他企业失败的教训	0.752	
企业技术与管理支持		

续表

量表题项	Communalities	Alpha
高层非常支持研发部门的创新设想	0.620	**0.893**
高层之间对是否需要变革没有意见分歧	0.693	
内部信息系统很完善	0.747	
内部信息传递渠道比较畅通	0.802	
内部的团队协作精神很强	0.736	
企业员工意识		
员工技术创新意识	0.541	**0.834**
高层管理者的创新意识	0.733	
高层管理者的市场意识	0.813	
高层管理者的变革意识	0.703	

注：①所有变量条目都使用 5 分制测量，"1"非常反对，"5"非常同意。②时间限制为最近 5 年，填表人考虑企业最近 5 年的发展情况评价表中的问题。③所有的得分都是一阶估计值，采用 Principal Component Analysis 方法和 Varimax with Kaiser Normalization 旋转矩阵。

表 9-2　企业内部学习量表的旋转因子矩阵（n=128）

量表题项	因子 1	因子 2	因子 3
企业经验学习与积累			
在组织内部推广成功经验	0.389	**0.689**	0.293
重视吸取失误的教训	0.166	**0.857**	0.193
研讨行业内其他企业的成功经验	0.111	**0.793**	0.136
重视吸取行业内其他企业失败的教训	0.194	**0.842**	0.075
企业技术与管理支持			
高层非常支持研发部门的创新设想	**0.569**	0.410	0.358
高层之间对是否需要变革没有意见分歧	**0.754**	0.225	0.272
内部信息系统很完善	**0.802**	0.267	0.182
内部信息传递渠道比较畅通	**0.860**	0.184	0.168
内部的团队协作精神很强	**0.834**	0.063	0.189
企业员工意识			
员工技术创新意识	0.496	0.198	**0.507**
高层管理者的创新意识	0.224	0.106	**0.820**
高层管理者的市场意识	0.159	0.221	**0.860**
高层管理者的变革意识	0.262	0.164	**0.779**

3.因变量：企业的绩效和员工学习与成长

Khandwalla 认为，使用 5 个问题项就可以反映企业的相关绩效，这 5 个问题分别是资产回报、销售收益、销售增长、整体绩效和竞争地位。本章采用了竞争优势、市场份额、净利润和成本优势 4 个方面进行测量。采用这种自我评估的办法是因为不能获得财务或者会计数据，但企业的管理层却都了解这 4 方面的信息。在没有财务或者会计数据的时候，管理层可以相对地比较企业与竞争对手的差距。根据 Tan 和 Litschert 的研究，这种测量方法是可行的，并在论文中作为绩效测量应用。员工学习与成长的测量主要从处理复杂任务的能力，员工工作的满意度，企业的认同度、主动离职率等方面进行评价。受访者一般是企业的管理层，他们根据竞争对手的情况对于问卷的各个题项做出评价，问卷的设计是 5 分制量表。

4. 控制变量

企业资源管理的复杂性因企业的不断成长而增加，本章把企业的历史作为控制变量。随着企业经营历史的增加和规模的不断扩大，企业有可能丧失或者弱化在资源管理方面的灵活性。另外，企业的竞争优势都会存在持续的时间。随着竞争企业的模仿，企业所拥有的资源随着时间而变得不再具有独特性，企业的竞争优势也会随时间而逐渐丧失。

二、研究设计与方法

本章采用问卷调研的方式验证本研究所构建的理论模型和假设。问题形成后，本章首先在清华大学经济管理学院 EMBA 和 MBA 学员班上进行了研讨。Lynham 认为，对于模糊的概念和理论进行量化研究，可以从概念的要素单元入手，根据经典文献对概念的描述和界定，提出理论框架和明确测量维度和关键点，最后通过定量方法来验证所构建的理论模型。因此，本章首先依据相关理论的描述和界定，通过小组讨论的方式确定了初步量表，详见测量部分。

　　问卷大规模发放在清华科技园、南宁高新技术开发区、厦门保税区 3 个高科技企业集中的科技园区内进行。选择这几个区域发放，一是因为课题组同这些地区的企业主管部门有很好的合作关系；二是为后续研究考察地域对动态是否有影响的需要。同时，这几个园区内的企业都以高新技术企业为主体，比较符合本章研究对样本企业所处动态竞争环境的要求。第一批问卷于 2007 年 8~9 月在上述地区通过当地企业主管部门随机发放，总共发放 300 份问卷。问卷的回收集中在 2007 年 10~12 月，部分由当初发放的联系人集中回收，部分由被测者直接邮寄或发送电子邮件到课题组信箱。截至 2007 年 12 月底，共回收有效问卷 128 份，回收率 42.7%。本章对前后不同时间回收的问卷进行 t 检验发现，没有显著差异。因此，回收的样本在统计上能够代表总体。样本行业背景描述如表 9-3 所示，变量的描述性统计和 Person 相关矩阵如表 9-4 所示。

表 9-3　样本企业的行业背景

所属行业	样本数量（份）	占比（%）
电子信息	30	27.27
家用电器	1	0.90
汽车	2	1.80
能源	1	0.90
化工	4	3.60
服务行业	8	7.30
医药及医疗器械	9	8.20
IT 通信	11	20
设备制造	22	20
其他	22	20
总计	110	100

表9-4 描述性统计及相关矩阵

题项	Mean	SD	1	2	3	4	5	6	7	10	11	12	13	14	15	16	17	18	19
竞争优势	4.95	1.089	1																
市场份额	4.93	0.987	0.750**	1															
利润增加	4.82	1.076	0.648**	0.771**	1														
成本下降	4.78	1.135	0.570**	0.578**	0.675**	1													
任务能力	4.88	1.163	0.701**	0.533**	0.436**	0.378**	1												
工作满意	4.91	1.115	0.568**	0.510**	0.521**	0.433**	0.754**	1											
企业认同	5.05	1.045	0.629**	0.531**	0.568**	0.519**	0.741**	0.826**	1										
低离职率	4.88	1.175	0.418**	0.360**	0.404**	0.427**	0.568**	0.657**	0.711**	1									
企业历史	6.78	5.836	-0.249*	-0.271**	-0.259*	-0.228*	-0.451**	-0.401**	-0.425**	-0.317**	1								
资源获取管理	4.90	1.073	0.448**	0.410**	0.432**	0.363**	0.407**	0.378**	0.446**	0.365**	-0.461**	1							
信息收集分析	5.04	0.966	0.559**	0.508**	0.450**	0.314**	0.474**	0.441**	0.512**	0.377**	-0.312**	0.510**	1						
资源变现管理	4.61	0.947	0.561**	0.484**	0.476**	0.402**	0.565**	0.436**	0.527**	0.399**	-0.405**	0.554**	0.648**	1					

续表

题项	Mean	SD	1	2	3	4	5	6	7	10	11	12	13	14	15	16	17	18	19
内部组织管理	4.88	0.831	0.615**	0.566**	0.614**	0.489**	0.526**	0.459**	0.506**	0.403**	-0.292**	0.512**	0.533**	0.521**	1				
外部关系协调	4.96	0.841	0.584**	0.524**	0.552**	0.506**	0.569**	0.581**	0.655**	0.498**	-0.368**	0.412**	0.576**	0.644**	0.595**	1			
经验学习积累	5.17	0.912	0.502**	0.467**	0.500**	0.392**	0.618**	0.637**	0.608**	0.587**	-0.531**	0.464**	0.510**	0.570**	0.615**	0.571**	1		
技术管理支持	4.96	0.949	0.575**	0.521**	0.537**	0.451**	0.612**	0.630**	0.705**	0.612**	-0.381**	0.390**	0.432**	0.526**	0.529**	0.703**	0.548**	1	
员工学习意识	4.94	0.855	0.534**	0.443**	0.403**	0.426**	0.605**	0.630**	0.682**	0.472**	-0.175	0.296**	0.369**	0.328**	0.507**	0.613**	0.476**	0.629**	1

注：** Correlation is Significant at the 0.01 Level 2-tailed.
* Correlation is Significant at the 0.05 Level 2-tailed.

117

三、数据分析与假设检验

因为表 9-4 中许多变量是潜变量，所以本章使用结构方程的方法验证假设关系，并使用 Lisrel 8.0 来实现数据分析。模型 1 是资源管理变量的二阶验证性因子分析。模型 2 是基础模型，验证资源管理和综合绩效之间的关系。模型 3 和模型 4 是分别考虑控制变量的模型，分别检验企业经营历史、企业规模同资源管理和综合绩效之间的关系。本章采用最大似然估计（ML）方法进行模型拟合评估，其是结构方程模型中经常采用的估计技术。拟合优度的评价指标包括近似误差均方根（RMSEA）、卡方和自由度，以及增值指数：[包括非范拟合指数（NNFI）和赋范拟合指数（NFI）和比较拟合指数（CFI）]。

（一）基础模型

在基础模型（见图 9-1）中，本章分析了企业资源管理、企业内部学习和员工成长以及综合绩效之间的关系。数据分析结果显示，企业资源管理与综合绩效之间呈显著正相关关系（0.43，$p<0.1$），资源管理水平的提高能够为企业带来良好的绩效（假设 1）；良好的资源管理过程也能够促进员工成长（0.61，$p<0.05$）（假设 2）；企业学习和员工成长之间也存在显著正相关关系（0.65，$p<0.05$）（假设 4）；相对于资源管理和企业学习而言，员工学习与成长最能够提高企业的综合绩效水平（0.78，$p<0.1$）（假设 5）。模型的输出结果显示，企业学习和综合绩效之间没有显著的关系存在，假设 3 没有得到证实。虽然在理论部分的陈述中，本章认为企业学习和人力资本能够产生竞争优势，但它们必须受到隔离机制的保护。与企业特征相结合的人力资本才是可以

带来持续竞争优势又不能够为竞争企业所模仿的资源。这种资源是员工学习和成长的结果，而企业内部的学习环境和气氛导致了员工能力的提高。所以本章认为，企业内部学习提高了企业人力资本的投入，促进员工任务能力的提高以及工作满意度等，而这些才是竞争优势和企业绩效的来源。企业学习和综合绩效之间并没有直接的显著关系。

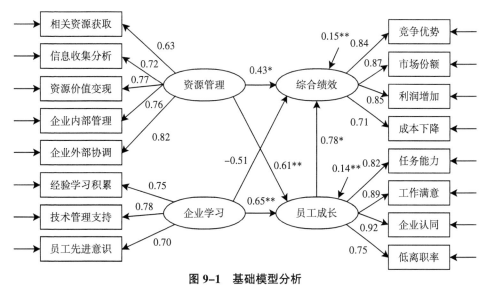

图 9-1　基础模型分析

注：*p<0.1，**p<0.05，***p<0.01。

对于数据拟合结果而言，一般认为 RMSEA 小于 0.05 为很好的拟合效果。模型 1 的 RMSEA 为 0.09，略高于通常水平。模型的 CFI 值是 0.87，NFI 与 GFI 分别为 0.84 和 0.81，NNFI 为 0.84（见表 9-5）。基础模型的绝对拟合优度指数略高于通常标准，从相对拟合优度指数

表 9-5　基础模型的拟合优度

模型拟合指数	VALUE
Chi-Square（df=98）	462.18
Normed Fit Index（NFI）	0.84
Non-Normed Fit Index（NNFI）	0.84
Comparative Fit Index（CFI）	0.87
Goodness of Fit Index（GFI）	0.81
RMSEA	0.09

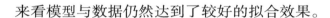

来看模型与数据仍然达到了较好的拟合效果。

（二）控制模型

控制模型（见图9-2）添加了企业经营历史作为控制变量，并同时考虑其与综合绩效和员工成长之间的关系。在控制模型的路径分析中删除了企业学习和综合绩效的关系。数据分析结果显示，与基础模型（0.43，p<0.1）相比，企业经营历史加强了资源管理对于企业综合绩效的作用（0.68，p<0.1）。从模型中也可以看出，对于本研究的样本企业而言，企业经营历史与综合绩效之间呈显著正相关关系（0.14，p<0.05），与员工成长之间呈显著相关关系（0.01，p<0.1）。这说明，随着企业经营历史的增加，企业内部的资源得到积累，而代表员工成长的人力资本也在增加。

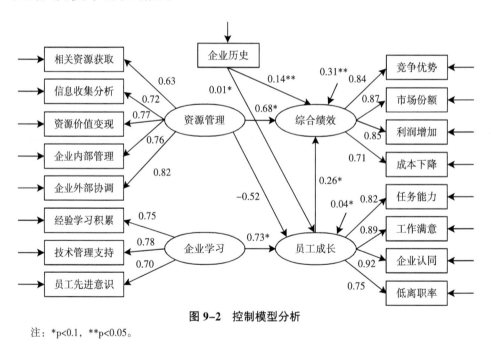

图9-2 控制模型分析

注：*p<0.1，**p<0.05。

在添加了经营历史作为控制变量以后，路径分析的结果发生了很大的变化，各个潜变量之间的关系则简单得多。就企业的长期发展而言，企业资源管理和员工成长之间并不像基础模型（0.61，p<0.05）显示的那样存在显著关系。企业综合绩效的提高主要取决于资源管理水平（0.68，p<0.1），员工学习与成长对于绩效的贡献比基础模型中的作用显出弱化的趋势（0.26，p<0.1）；相反，长期内企业内部学习对于员工成长的作用呈现出强化的正相关关系（0.73，p<0.1）。模型显示，添加了企业经营历史变量之后，企业学习和综合绩效之间并没有显著的直接关系，而是通过对于员工成长的提高，间接提高了企业的综合绩效。所以对于企业来说，长期内通过持续的内部学习，员工的成长、能力的增加、保持一个较低的离职率才是保持企业持续竞争优势的方法。

　　模型拟合优度如表 9-6 所示，模型的 RMSEA 为 0.09，略高于通常水平，NFI 与 NNFI 均为 0.85，CFI 与 GFI 分别为 0.88 和 0.82。因此，尽管本模型的绝对拟合优度指数（RMSEA=0.08）略高于通常标准。但从相对拟合优度指数来看，模型与数据仍然达到了可接受的拟合效果。

表 9-6　控制模型的拟合优度

模型拟合指数	VALUE
Chi-Square（df=111）	498.50
Normed Fit Index（NFI）	0.85
Non-Normed Fit Index（NNFI）	0.85
Comparative Fit Index（CFI）	0.88
Goodness of Fit Index（GFI）	0.82
RMSEA	0.09

四、结论与讨论

　　本章的分析结果显示，除了必要的特征资源以外，企业保持持续竞争优势的条件还包括良好的资源管理。资源管理包括资源获取、信息搜集和分析、资源释放、内部组织管理以及外部关系协调管理 5 个维度，良好的资源管理水平会使企业综合绩效得到提高。另外，企业内部学习包括知识和经验总结交流、技术和管理支持、员工的学习意识 3 个方面的内容。作为人力资本投资，企业内部学习帮助员工成长，提高了员工工作满意度和企业认同感，降低了员工的离职意向。最重要的是，员工的个人学习和成长以及所体现出的人力资本特征，与企业的具体特征相结合，使得人力资本成为有价值的、不可模仿的资源。这种资源对于本企业的价值超过了其对于竞争对手的价值。资源管理和员工特殊人力资本这两种在企业内部发展成长的资源，因为它们的企业背景和发展历史的依赖特征，使得它们是难以模仿的。员工个人价值必须和企业特征相结合才能够得到良好的体现，这也降低了员工的离职率。

企业内部学习本身并不能够直接导致企业综合绩效的提升。波士顿咨询的战略研究认为，学习曲线的变化速率对于行业内所有的企业都是相同的。因此，企业必须通过更多的经验学习获得超过平均水平的绩效。然而，也有研究发现，由于知识在企业边界之间的扩散，使得竞争企业可以通过溢出效应获得知识带来的益处。通过溢出效应，缺乏经验的企业也可以利用经验和知识的价值。如果知识和经验在行业间扩散的速率非常快，任何潜在的竞争优势都可能完全丧失。企业内部学习的作用体现在人力资本的增加上，是隐含在人力资本中的知识和经验，增加了知识在企业间传递和复制的难度，造成隔离机制的存在，从而使企业可以因人力资本资源而保持持续的竞争优势。

（一）管理启示

数据结果表明，企业资源管理水平对企业绩效（或者说相对竞争优势）有积极的正向影响作用，本章所提出的假设 1 得到了数据的支持和印证。因此，资源管理水平对企业绩效有非常明显的、积极的正向影响作用，有助于企业在竞争环境中树立竞争优势。对于企业实践而言，企业资源管理应该着重于企业资源获取管理、信息搜集和分析管理、产品和资源变现管理、内部组织管理以及外部协调管理5个方面进行，企业应该加强企业的资源获取能力。另外，在企业的成长过程中，一定要预防核心能力刚性的出现。因为随着企业经营历史和规模的增长，资源管理难度会增加。企业一定要保持适度的灵活性，以随时获得或者释放其资源。同时，应当加强企业内部的一致性和整合，而在这其中，信息搜集和分析能力也得到了加强。

另外，对于企业而言，人力资源可以在企业之间流动，所以竞争企业也可以利用本企业人力资本带来的优势。然而当企业的人力资本与企业特征相结合，并植根于其发展的环境中时，人力资本才是最有价值和最不可模仿的。当企业从竞争对手获得其人力资本时，虽然可以同时获得关于竞争企业的知识，但企业依旧需要调整人力资本的最佳用途，使之符合新环境的需要。企业学习和人力资本能够产生竞争优势，但是它们必须受到隔离机制的保护。与企业特征相结合的人力资本才是可以带来持续竞争优势又不能够为竞争企业所模仿的资源。这种资源是员工学习和成长的结果，而企业内部的学习环境和气氛促进了员工能力的提高。

（二）本章的局限

尽管本章对企业资源管理、内部学习与企业绩效间的关系进行了创新性的探讨和分析，但还有很多值得改进的地方。首先，由于调研条件的限制，本研究是小样本的定量研究。尽管对于结构方程模型拟合优度指标来说样本大小没有实质性影响，但样本的广泛性与多样性会对结论的普适性有重要意义。此外，更多的样本企业的数据有助于本章缩小对潜变量的测量误差，并有助于本章考察行业背景以及地域分布等因素是否对本章的结论有影响。其次，本研究所开发的量表还需要在未来的实证研究中进一步检验和完善。本章所提出和构建的变量维度只是侧重了若干方面，对于各个维度的划分、命名和含义的阐述还有值得商榷的地方。最后，本研究是以中国企业为调研的样本，并没有对跨文化和区域的因素是否会影响资源管理与绩效的关系进行对比分析。并且，由于调研条件和时间的限制，所获取的样本数据为截面数据，因此未能考察随时间变化各个变量对绩效影响的动态效果。这些都需要在未来的研究中予以继续推进和完善。

企业总在不断地成长，在这个过程中企业学习和资源管理水平会相互作用，同时会对企业绩效和员工能力产生影响。企业学习还包括从外部环境学习的内容，如竞争对手和供应商。因此，在未来研究中，应该同时考虑企业对于环境的适应和员工学习的内容，检验企业规模等更多的控制变量对路径分析中变量间关系的影响。

第十章

资源管理与企业绩效实证研究

资源基础观认为，资源的特性或者异质性决定了企业绩效和竞争优势，本章试图从企业对于资源管理的角度来分析企业资源对绩效的影响。本章通过文献综述和访谈确定了企业资源管理的 5 个维度，即企业资源获取管理、信息收集和分析管理、企业产品和资源释放管理、企业内部组织管理以及外部关系协调管理。通过二阶验证性因子分析，本章实证了这 5 个维度构成了企业资源管理的内容。而后本章通过结构方程模型验证企业资源管理和绩效之间呈显著正相关关系，并分析了企业经营历史和企业规模对于上述关系的影响。最后本章讨论了上述分析对于资源基础理论和企业管理实践的启示。

一、文献综述和模型构建

资源基础观认为，企业可以通过开发有价值的资源和能力获得持续的竞争优势。现在支持资源管理理论观点的实证研究越来越多，它们大部分都是验证企业的某种特殊资源对全面绩效的影响。Rumelt 把产生这些不同的原因归因于产业内资源的异质性。大多数的实证研究都与资源基础理论的假设是一致的，基本上都是资源的特性决定了企业的绩效。

这些研究都把企业的资源作为给定条件，然后实证分析这些固有的企业资源和绩效水平之间的关系。有价值的和稀缺的资源对于组织的竞争优势而言是必要的，但并不是充分条件，只有在资源能够被有效地组合和利用的情况下，才能够实现组织的竞争优势。例如资源的特性因企业的自身需要而不同，企业能否及时获得一些有价值的资源？企业能否顺利释放一些冗余资源？等等。对于企业资源的组合和利用等行为研究可以整合为"资源管理"理论。

虽然资源基础观在战略管理领域是一个主要的理论观点，但很少有实证研究能够帮助理解资源管理对于组织绩效的重要性。以往的文献研究主要关注于资源的特性，而忽视了管理者如何应用这些资源对于组织产生的影响。尽管一些学者逐渐认识到资源管理的内容和其重要性，但并没有明确具体的管理行为构成了资源管理的维度以及对于基于资源基础的竞争优势产生影响。本章的研究目的在于弥补这个缺陷，并促进资源基础理论的进一步发展。

Eisenhartd 和 Martine 认为，资源管理是"企业利用资源的流程——尤其是获取、整合和释放资源的流程"，并着重指出"资源的整合、内部资源的组织与重构以及获取和释放资源是其重要表现形式"。Teece 则进一步指出"信息"在企业适应外部环境的这一过程中具有关键作用，是企业能力的核心要素与影响组织绩效的微观基础。企业在外部环境变化传递的信息引导下，通过动态的更新和释放资源，协调整和内外部关系和资源以适应环境的变化。因此，本章认为在动态变化的竞争环境中，企业必须能够做到更新企业资源，收集、分析和利用环境变化的信息，进行产品和资源释放或变现，有效的内部组织管理和整合以及协调其外部关系等内容的管理。本章认为这五个方面的维度构成的企业资源管理，对企业在超竞争环境下获取竞争优势和组织绩效有积极的正向影响作用。

本章试图从企业资源管理的角度研究其对于绩效的影响，确定企业资源管理绩效的内容和维度，讨论其对于企业综合绩效的影响，并考虑随着企业年龄和规模的增长这些关系之间的变化。

资源基础观认为资源是竞争优势的来源，但这一结果受管理行为和经验的影响。资源管理即结构化组织的资源，是组合组织资源建立和实现竞争优势的流程。组织资源的结构化包括获取、积累和释放组织的资源储备，而组合资源则包括在市场环境中整合和应用这些资源，以建立组织能力和获得竞争优势。那么，组织的竞争结果不再由其当前的资源状态决定，而是由对于这些资源的组合和应用的资源管理行为而定。本章认为企业资源管理包括资源获取、信息收集和分析、资源价值释放或者变现、内部组织整合管理和外部关系协调 5 个维度（见图 10-1）。管理者通过利用环境信息，选择、整合以及应用组织资源，从而对组织结果产生影响。

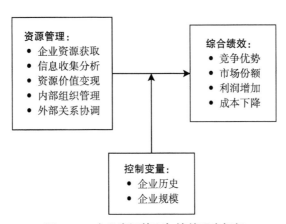

图 10-1 企业资源管理与绩效研究框架

企业资源获取是指企业根据竞争环境变化而获得树立竞争优势所需的资源的技术和知识。强调这点是因为"企业能否在行业内激烈的竞争中得以生存并保持持久的竞争优势取决于能否获得需要的关键资源"。Makadok 深刻地阐释了资源获取对企业树立竞争优势的重要意义，他认为只能是在资源获取之后才产生竞争优势。在行业内，能够形成持久竞争优势的资源往往只掌握在少数企业的手中，并且很难在不同的企业之间自由流动。因此，根据环境的变化获取其竞争优势建立所必需的资源，对组织绩效和竞争优势会有积极的促进作用。

信息收集和分析指企业收集和更新与环境变化相关的信息，就企业的经营实践而言，信息对企业的生存和发展有十分重要的影响。有的企业对市场变化的信息比较敏感，注重对竞争对手以及市场需求、政府相关政策变化的信息的收集、分析和利用，因而能够先于竞争对手采取应对措施。这样的企业往往能够很快地对市场变化做出反应，树立先发优势。相反，相当一部分企业不注重收集和分析这些信息，对市场和竞争的变化响应缓慢，导致企业失去了已有或本应该获得的竞争优势。

Eisenhardt 和 Martin 提出了资源释放的概念，但他们没有明确地界定资源释放是什么。按本章的理解，企业的资源释放应当包括在产品市场上对已利用资源生产的成品和服务的变现以及要素市场对富余资源的处置两方面。Darnall 和 Edwards 的实证研究发现，企业根据竞争环境变化的需要剥离资产的能力对组织绩效和竞争优势有直接的正向影响作用。战略群组理论认为，企业采取相同或相似的战略在相同或相似的产品服务市场竞争会更激烈。Moliterno 和 Wiersema 从资源释放的角度出发，分析和验证了企业根据环境变化剥离资产的能力对企业绩效与竞争优势的影响，发现这种资产剥离行为对竞争优势和组织绩效有显著的正向影响作用。因此，以利用资源的释放而言，企业产品销售得越好，其绩效就越好，市场竞争能力就越强。

内部组织整合是指企业在协调和组织内部人员、资源以及生产规模以适应竞争环境变化过程中的管理过程。Eisenhardt 和 Martin 认为，企业需要重构或者整合内部资源与能力使得企业的竞争力能够与外界竞争环境变化的要求相吻合。Lee 等通过对内部能力与外部网络关系的实证研究发现，内部组织能力对企业绩效有正向的影响作用。因此，当企业外部环境发生变化时，如果企业内部僵化，无法动态地根据环境变化对企业内部的组织、人员以及资源进行调整，势必导致原有的竞争优势丧失。

企业外部关系协调是指企业维持与政府部门、顾客以及供应商之间的相互关系以适应竞争环境的要求。就企业的外部环境而言，这些关系构成了企业竞争环境变化的最主要的诱因。因此，当竞争环境发生变化时企业必须动态地调整这些外部关系。Hult 等的研究发现，企业可以通过对供应链关系的管理获得绩效的提升以及竞争文化及知识的积累。Danniel 和 Wilson 也指出，企业必须能够通过很好地协调外部市场以适应动态变化的外部环境的挑战。

以上内容构成了企业资源管理的维度和内容，并且企业资源管理影响其综合绩效水平。据此，本章得到如下假设：

假设 1：企业资源管理内容由资源获取、信息收集和分析、资源价值变现、内部组织管理以及外部关系协调 5 个维度构成，企业资源管理水平与其综合绩效呈正相关关系。

二、研究设计与方法

本章采用问卷调研的方式来验证所构建的理论模型和假设。首先依据国外学者的初始描述和界定，通过小组讨论的方式确定了 22 个测度的关键点，详见测量部分。问题形成后，首先在清华大学经济管理学院 EMBA 和 MBA 学员班上进行了研讨。这些学员均为有四年以上企业实际工作经验的中高层管理者。他们对初步形成的 22 个问题的表述进行了修正和润色，淡化了原来问题表述过于学术的色彩。通过这一步工作本章初步印证了构建的模型与量表指标测度的关键点的合理性。

1. 资源管理的维度和测量

对于企业资源管理的测量项目和效度检验，如表 10-1 所示。本章把资源管理的测量分成 5 个维度，分别是资源获取管理、信息收集和分析管理、产品和资源价值变现管理、内部组织管理、外部协调管理。关于构念有效性，各个维度的内部一致性系数分别是 0.896、0.895、0.843、0.848、0.877。另外，旋转因子负荷可以清晰地显示出这 5 个因子，如表 10-2 所示。

表 10-1　资源管理的维度和测量

题　项	Communalities	Alpha
企业资源获取管理：本企业能够		**0.896**
根据外部环境变化的要求获取资源	0.686	
以比竞争对手低的成本获取资源	0.897	
比竞争对手更快地获得资源	0.713	
获取比竞争对手更高质量的资源	0.804	
信息收集和分析管理：本企业能够		**0.895**
迅速地收集市场变化的信息	0.854	
及时地收集内部运营的信息	0.756	
在收集的信息基础上正确决策	0.770	
资源价值释放管理：本企业能够		**0.843**
充分利用企业富余资源	0.595	
根据业务变化的需要协调内部人员的关系	0.639	
顺利回收应收账款	0.683	
资源浪费现象不严重	0.649	
比竞争对手更容易地销售同类产品（服务）	0.700	
企业内部组织管理：本企业能够		**0.848**
根据发展的需要动态地协调内部各部门的关系	0.798	
根据业务变化的需要协调内部人员的关系	0.829	
根据市场的波动动态地调整生产规模	0.736	
成本管理（产品或服务）非常有效	0.562	
能够根据发展的需要进行技术创新	0.507	
企业外部协调管理：本企业能够		**0.877**

续表

题 项	Communalities	Alpha
根据环境的变化调整与供应链企业的关系	0.634	
审时度势地处理与顾客的关系	0.644	
很好地处理与政府部门的关系	0.723	
很好地协调各市场区域之间的销售活动	0.701	
当出现过度竞争时能够缓和与对手的关系	0.708	

注：①所有变量条目都使用5分制测量，"1"非常反对，"5"非常同意。②所有的得分都是一阶估计值，采用 Principal Component Analysis 方法和 Varimax with Kaiser Normalization 旋转矩阵。

表 10-2 资源管理量表的旋转因子矩阵

题 项	因子1	因子2	因子3	因子4	因子5
企业资源获取					
①根据外部环境变化的要求获取资源	−0.02	0.62	0.29	0.33	0.33
②以比竞争对手低的成本获取资源	0.07	0.91	0.13	0.21	0.11
③比竞争对手更快地获得资源	0.16	0.73	0.25	0.12	0.28
④获取比竞争对手更高质量的资源	0.18	0.84	0.14	0.18	0.13
信息收集和分析					
⑤迅速地收集市场变化的信息	0.13	0.21	0.29	0.81	0.22
⑥及时地收集内部运营的信息	0.16	0.20	0.24	0.77	0.23
⑦在收集的信息基础上正确决策	0.41	0.21	0.09	0.73	0.10
资源释放价值					
⑧充分利用企业富余资源	0.41	0.12	0.16	0.05	0.62
⑨根据业务变化的需要协调内部人员的关系	0.44	0.22	0.11	0.48	0.39
⑩顺利回收应收账款	0.13	0.25	0.14	0.37	0.67
⑪资源浪费现象不严重	0.18	0.21	0.25	0.41	0.58
⑫比竞争对手更容易地销售同类产品（服务）	0.04	0.16	0.08	0.22	0.79
企业内部组织管理					
⑬根据发展的需要协调内部各部门的关系	0.12	0.14	0.84	0.18	0.18
⑭根据业务变化的需要协调内部人员的关系	0.14	0.13	0.86	0.18	0.18
⑮根据市场的波动动态地调整生产规模	0.39	0.24	0.70	0.18	−0.10
⑯成本管理（产品或服务）非常有效	0.49	0.28	0.48	−0.03	0.12
⑰能够根据发展的需要进行技术创新	0.18	0.12	0.56	0.35	0.15
企业外部关系协调					
⑱根据环境的变化调整与供应链企业的关系	0.34	0.31	0.45	0.31	0.37
⑲审时度势地处理与顾客的关系	0.56	0.03	0.14	0.45	0.33
⑳很好地处理与政府部门的关系	0.72	−0.02	0.13	0.25	0.35
㉑很好地协调各市场区域之间的销售活动	0.79	−0.08	0.07	0.23	0.11
㉒当出现过度竞争时能够缓和与对手的关系	0.78	0.10	0.25	0.12	0.15

注：Extraction Method：Principal Component Analysis；Rotation Method：Varimax with Kaiser Normalization.

2. 企业绩效的测量

本章采用竞争优势、市场份额、净利润和成本优势 4 个方面进行绩效测量。受访者一般是企业的管理层，他们根据竞争对手的情况回答这 4 个问题，问卷的设计是 5 分制量表。采用这种自我评估的办法是因为不能获得财务或者会计数据，但是企业的管理层却都了解这 4 方面的信息。

3. 控制变量

企业资源管理的复杂性因企业的不断成长而增加，本章把企业的历史和规模作为控制变量，受访者需要明确企业经营年限和员工数目。随着企业经营历史的增加和规模的不断扩大，企业有可能丧失或者弱化在资源管理方面的灵活性。

4. 数据收集与描述性统计

问卷形成后首先在清华科技园以及中关村科技园中的高科技企业中进行了前测。问卷大规模发放在清华科技园、南宁高新技术开发区、厦门保税区 3 个高科技企业集中的科技园区内进行。选择这几个区域发放，一是因为本课题组同这些地区的企业主管部门有很好的合作关系；二是为后续研究考察地域对动态是否有影响的需要。并且这几个园区内的企业都以高新技术企业为主体，比较符合本章研究对样本企业所处动态竞争环境的要求。第一批问卷于 2007 年 8~9 月在上述地区通过当地企业主管部门随机发放，总共发放 300 份问卷。问卷的回收集中在 2007 年 10~12 月，部分问卷由当初发放的联系人集中回收，部分由被测者直接邮寄或发送电子邮件到课题组信箱。截至 2007 年 12 月底，共回收有效问卷 110 份，回收率 36.7%。本章对前后不同时间回收的问卷进行 t 检验发现，没有显著差异。样本行业背景描述如表 10-3 所示。

表 10-3　样本企业行业分布

所属行业	样本数量	占比（%）
电子信息	30	27.27
家用电器	1	0.90
汽车	2	1.80
能源	1	0.90
化工	4	3.60
服务行业	8	7.30
医药及医疗器械	9	8.20
IT 通信	11	20
设备制造	22	20
其他	22	20
总计	110	100

三、数据分析与假设检验

变量的描述性统计和 Pearson 相关矩阵如表 10-4 所示。本章使用结构方程的方法验证假设关系，并使用 Lisrel 8.0 来实现数据分析。模

表 10-4　描述性统计及相关矩阵

	Mean	SD	1	2	3	4	5	6	7	8	9	10	11
市场份额	4.95	1.09	1										
利润增加	4.93	0.99	0.750**	1									
成本下降	4.82	1.08	0.648**	0.771**	1								
竞争优势	4.78	1.14	0.570**	0.578**	0.675**	1							
资源获取管理	4.90	1.07	0.448**	0.410**	0.432**	0.363**	1						
信息收集分析	5.04	0.96	0.559**	0.508**	0.450**	0.314**	0.510**	1					
资源变现管理	4.61	0.95	0.561**	0.484**	0.476**	0.402**	0.554**	0.648**	1				
内部组织管理	4.89	0.83	0.615**	0.566**	0.614**	0.489**	0.512**	0.533**	0.521**	1			
外部关系协调	4.96	0.84	0.584**	0.524**	0.552**	0.506**	0.412**	0.576**	0.644**	0.595**	1		
企业历史	6.78	5.84	−0.249*	−0.271**	−0.259*	−0.228*	−0.461**	−0.312**	−0.405**	−0.292**	−0.368**	1	
企业规模	2.01	1.22	0.032	0.000	0.138	−0.054	−0.297**	−0.060	−0.081	−0.031	−0.112	0.401**	1

注：**$p < 0.01$，*$p < 0.05$，$n = 110$。

型 1 是资源管理变量的二阶验证性因子分析；模型 2 是基础模型，验证资源管理和综合绩效之间的关系；模型 3 和模型 4 是分别考虑控制变量的模型，分别检验企业经营历史、企业规模同资源管理和综合绩效之间的关系。

（一）资源管理验证性因子分析

为检验本章所提出的模型和假设，本章首先对资源管理变量的样本数据进行了二阶验证性因子分析（模型 1）。因子分析前本章对样本数据进行 KMO 检验和 Bartlett 球度检验，以判断数据是否适合进行因子分析。本研究的样本数据 KMO 检验值为 0.86（p=0.000），表明数据适合做因子分析。进入结构方程模型的 22 个题项分别归属于 5 个因子，如图 10-2 所示。模型拟合优度指标如表 10-5 所示。

一般认为，RMSEA 小于 0.05 为很好的拟合效果。模型 1 的 RMSEA 为 0.08，略高于通常水平。从相对拟合优度指数看，模型与数据仍然达到了较好的拟合效果。

从模型 1 的输出结果看，低阶因素被高阶因素解释后的残差水平均显著，说明各低阶因素均有未被解释的独特性。综合访谈结果和数据分析，可以认为企业的资源管理包括企业资源获取管理、信息收集和分析管理、产品和资源变现管理、内部组织管理以及外部协调管理 5 个方面。5 个初阶因素可以被解释的方差分别是 59%、32%、24%、52%、42%，说明高阶因素（资源管理）对于资源获取管理变量的解释较强，而对于产品和资源变现管理的解释最弱。所以本章的假设 1 得到证实，结构方程模型验证性因子分析的结果与本章模型和问卷的初始设计相吻合。

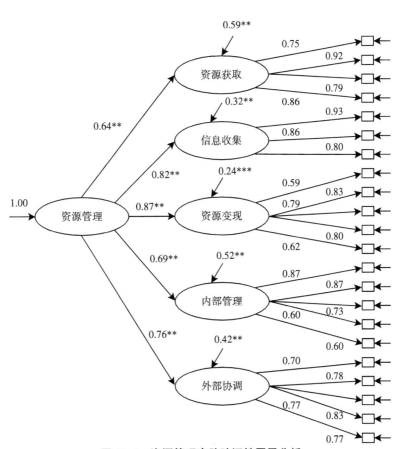

图 10-2　资源管理高阶验证性因子分析

注：**p<0.05，***p<0.01。

表 10-5　模型 1 的拟合优度

模型拟合指数	VALUE
Chi-Square （df=204）	3570.08
Normed Fit Index （NFI）	0.84
Non-Normed Fit Index （NNFI）	0.82
Comparative Fit Index （CFI）	0.85
Goodness of Fit Index （GFI）	0.85
RMSEA	0.08

（二）资源管理与综合绩效分析

1. 基础模型

在模型 2（见图 10-3）中本章分析了企业资源管理和综合绩效之

间的关系。数据分析结果显示，企业资源管理与综合绩效之间呈显著正相关关系（0.81，p<0.1）。从模型拟合优度来看（见表10-5），各个指标非常好。资源和资源管理同时影响着组织参与市场竞争的结果，组织资源代表了其潜在的能力，而资源管理尤其是资源组合和应用，会影响这种潜在能力的实现。在此，应该注意到资源管理的弹性，并不是所有的资源都能够及时获得和释放，不同资源应用的灵活性有差别。

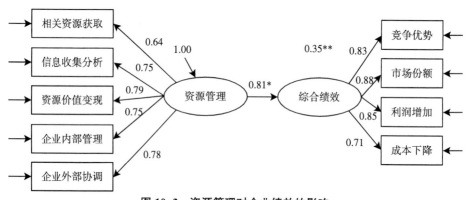

图 10-3　资源管理对企业绩效的影响

注：*p<0.1，**p<0.05。

2. 控制模型

模型 3 添加了企业经营历史作为控制变量，并同时考虑其与资源管理、综合绩效之间的关系，如表 10-6 所示。数据分析结果显示，与模型 2 相比，企业经营历史加强了资源管理对企业综合绩效的作用（0.86，p<0.1）。从模型中可以看出，对于本研究的样本企业而言，企业经营历史虽然与综合绩效之间呈显著正相关关系（0.11，p<0.05），但与资源管理之间却呈显著负相关关系（-0.48，p<0.1）。这说明随着企业经营历史的增加，企业在资源管理这 5 个维度方面所遇到的管理难度有所加大。

表 10-6　路径分析结果

路径分析	模型 2	模型 3	模型 4
资源管理→综合绩效	0.81*	0.86*	0.83*
企业历史→综合绩效		0.11**	
企业规模→综合绩效			0.16**
企业历史→资源管理		-0.48*	
企业规模→资源管理			-0.14*
Chi-Square/Degree of Freedom	125.89/26	147.41/33	147.41/33
Normed Fit Index（NFI）	0.92	0.91	0.91
Non-Normed Fit Index（NNFI）	0.91	0.90	0.90
Comparative Fit Index（CFI）	0.94	0.93	0.93
Goodness of Fit Index（GFI）	0.91	0.91	0.91
RMSEA	0.07	0.07	0.07

注：表 10-6 共包括 3 个结构模型，基本模型考虑资源管理对于企业综合绩效的影响；控制模型有 2 个，分别考虑了添加企业历史和规模之后的结果；*$p<0.05$，**$p<0.01$，n=110。

模型 4 添加了企业经营规模作为控制变量，并同时考虑其与资源管理、综合绩效之间的关系，见表 10-6。数据分析结果显示，与模型 2 相比，随着企业经营规模的加大，资源管理与综合绩效呈显著正相关（0.81，$p<0.1$），但是增大程度不如经营历史的调节程度大。企业规模和综合绩效之间也呈现出显著正相关（0.16，$p<0.05$），但是规模的增加也会增加企业资源管理的难度水平（-0.14，$p<0.1$）。

四、结论与讨论

本章从企业对于资源管理的角度分析了管理者行为对企业绩效水平的影响，同时分析了企业资源管理的构成维度，以及企业经营历史和规模对上述关系的调节作用。

在理论贡献方面，本章在资源基础观理论的逻辑范围内实证研究了资源管理行为的作用。首先，本章认为管理者对于资源的组合和应用对于组织的竞争优势会产生正向的影响。以往的资源基础观的理论研究已经证实资源决定了组织的竞争优势，并没有关注资源管理的作用，本章则具体检验了管理行为的贡献和影响。研究结果发现，虽然资源是组织竞争优势的重要决定条件，但管理者对于资源潜力的实现有十分重要的作用。管理者在一个具体的市场背景之下，通过利用环境信息，组合和应用组织资源，整合并建立组织能力和竞争优势。这一结果说明，当资源在竞争者之间的分配不存在极大差异的情况下，资源管理的作用将变得十分重要。

其次，本章试图说明资源的应用弹性对资源管理产生影响。组织在资源储备方面具有巨大的优势并不一定能够产生竞争优势，只有这些资源能够被有效组合和应用，它们才能够对竞争优势产生贡献。资源管理的作用是帮助组织实现资源所能够产生竞争优势的潜力。本章认为资源获取和释放是资源管理的两个重要维度，但并不是所有的资源都可以自由地获取和释放。较高的资源应用灵活性会增加某种情景之下管理者组合以及利用这些资源的潜力，并正向影响竞争优势的结果。以上两点说明资源和绩效之间也存在复杂关系，例如以上提到的管理者和资源弹性，所以并不能简单地认为有特性的资源决定了组织的竞争优势，而以往的资源基础观研究并没有注意到这一点。

对于企业实践而言，企业资源管理应该主要着重于本章提出的 5 个维度进行，企业尤其应该加强资源获取能力的节点作用。管理者必须能够明确哪些资源是必要的并能够产生价值，因为有些资源虽然是必要的，但并不能够带来竞争优势。另外，资源弹性将影响管理者有效应对环境变化的能力，加强资源的应用灵活性将影响资源管理的有效性。当资源弹性较低时，有效的管理者应该更加关注资源获取，而不仅仅是增加组织现有资源组合的质量，或者阻止竞争对手获得某种关键资源。当资源弹性较高时，有效的管理者应该关注整合和利用资源，即内部整合管理，而不是盲目扩张和获取冗余资源。在企业的成长过程中，一定要预防核心能力刚性的出现。因为随着企业经营历史和规模的增长，资源管理难度水平会增加。企业一定要保持一个适度的灵活性，以随时获得或者释放其资源。同时应当加强企业内部的一致性和整合，而在这其中，信息收集和分析能力加强了企业的资源管理水平。

|第四部分|

案 例 篇

| 第十一章 |

北京中关村软件园产业集群创新能力研究①

一、北京中关村软件园产业集群发展概况

（一）北京中关村软件园产业集群基本情况

中关村软件园成立于 2000 年，是北京市中关村科技园区一个以软件研发为主的专业园区。中关村软件园位于北京市海淀区东北旺，与颐和园、西山景区相伴，自然环境宜人。清华大学、北京大学等众多海淀区高校以及中国科学院等研究机构为园区企业提供了强大的技术和人力资源支撑。中关村地区浓厚的创新文化氛围为中关村软件园的建设和发展提供了得天独厚的客观条件。

中关村软件园总占地 260 公顷，总建筑规模 206 万平方米，分为一期和二期两个部分。园区一期总占地面积 139 公顷，总建筑面积 70

---

① 本次调研是中国产业集群创新发展报告课题组在 2010 年选定了国内的 10 个产业创新集群其中之一。

万平方米，绿化面积近 60%，是一个花园式软件研发基地。正在建设中的园区二期占地 121 公顷，总建筑面积 133 万平方米。截至 2011年，中关村软件园已集聚软件和研发企业 216 家，园区内从业工程师超过 2.4 万人。

中关村软件园已经基本形成了独立软件开发产业、金融信息服务产业、计算机与通信一体化产业、软件与信息服务外包产业、文化创意产业五大高端产业集群。

中关村软件园建设的总体目标是"创国际一流环境，集成国内外软件产业的战略资源，建成全国最大的集研发、孵化、培训、生产、贸易、服务为一体的综合性软件产业基地；逐步提高对国际战略资源的配套能力，使软件产业成为首都经济的支柱产业，整体竞争实力居全国首位，并带动中国软件产业的腾飞"。

（二）北京中关村软件园产业集群发展历程

1. 起步发展阶段（2000~2004 年）

2000 年，北京市委、市政府决定建设中关村软件园。2001 年 7月，中关村软件园被国家发改委、信息产业部确定为"国家软件产业基地"。2004 年 8 月，中关村软件园被国家发改委、信息产业部、商务部联合确定为"国家软件出口基地"。中关村软件园成为全国四个"双基地"之一，也是中关村软件产业集群的孕育基地。

截至 2004 年 3 月，园区建设、招商情况进展顺利，起步区建设已基本完成。在以后的发展阶段中，中关村软件园一方面继续完成规划建设，另一方面主要在于突出自己的服务优势，为入园企业提供满意的服务。

2. 绿色产业形成阶段（2005~2009 年）

2005 年，中关村软件园一期工程建设基本完工。经过起步阶段的发展，2009 年园区经济总量和出口双双逆势上扬，产业总规模超过

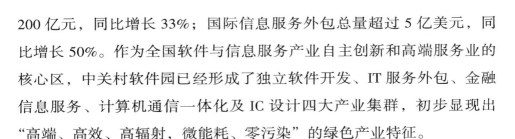

200 亿元，同比增长 33%；国际信息服务外包总量超过 5 亿美元，同比增长 50%。作为全国软件与信息服务产业自主创新和高端服务业的核心区，中关村软件园已经形成了独立软件开发、IT 服务外包、金融信息服务、计算机通信一体化及 IC 设计四大产业集群，初步显现出"高端、高效、高辐射，微能耗、零污染"的绿色产业特征。

3. 创新发展阶段（2010~2011 年）

2009 年，国务院批复同意建设中关村国家自主创新示范区，力争把中关村科技园建设成为有全球影响力的科技创新中心。中关村软件园瞄准打造"软件与信息服务领域内全球有影响力的科技创新中心"和"中国国际服务外包市场中心"的远期目标，2010 年中关村软件园启动了二期开发建设。中关村软件园二期全面建成后总占地面积将扩大到 2.74 平方公里，总建筑规模约 200 万平方米，容纳企业约 500家，年产值超过千亿元，吸纳 10 万高端人才就业，实现产业规模和出口"翻两番"。

中关村软件园在未来发展规划中，有着更为宏伟的发展目标，着眼于打造两个中心的同时，试图把软件园建设成为全国软件与信息服务产业自主创新的核心区，成为国际上创新能力最活跃的区域之一。

二、北京中关村软件园产业集群的结构分析

（一）北京中关村软件园企业主体情况分析

目前，园区已集聚软件和研发企业 216 家。国内自主创新的软件研发及外包企业有汉王科技、中科大洋、华为、普天、文思创新、软通动力等。在国际市场拓展方面，甲骨文、IBM，Reuters 集团、印度

TCS 等企业已签约入驻。

员工人数大于 1000 人以上的大型企业成为园区产业主要发展力量，占园区总产值的 72.1%，达 173 亿元。园区企业基本形成以国内市场为主导、国内国际市场并进的业务格局。2010 年，园区企业国内市场收入为 190 亿元，占园区总产值的 79.2%，国际市场收入约 50 亿元，占园区总产值的 20.8%。

在《2010 年中关村软件园园区企业发展状况调查报告》中，将园区软件与信息服务业企业分为四类，即产品类、服务类、外包类和其他类。产品类主要指提供软件产品或者行业解决方案的企业；服务类主要指专业服务企业和互联网信息服务企业；外包类主要指软件与服务外包企业，包括 ITO 和 BPO 企业；其他类则包括如 IC 设计、教育培训等其他类型企业，如图 11-1 所示。

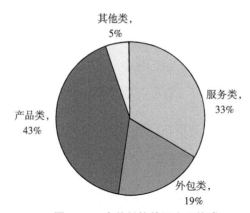

图 11-1　中关村软件园企业构成
资料来源：《2010 年中关村软件园园区企业发展状况调查报告》。

从企业类型分布而言，以华胜天成、亚信联创、汉王科技等为代表的产品类企业产值规模较高，合计达到 102 亿元，占园区产值的 42.5%；以百度、赶集网等为代表的服务类企业其次，占 33.3%，产值规模合计约 80 亿元；以文思创新、软通动力等为代表的外包类企业占 20%，产值规模合计为 48 亿元，如图 11-2 所示。

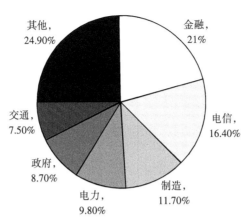

图 11-2 中关村软件园行业构成

资料来源:《2010 年中关村软件园园区企业发展状况调查报告》。

从整体的情况来看,中关村软件园企业具有以下三个特点:

(1)中关村软件园聚集了一批行业龙头企业和国家重点布局软件企业。中关村软件园入驻了众多软件和信息服务业龙头企业,这些企业在各自的专业领域都处于领先地位,如表 11-1 所示。

表 11-1 中关村软件园各专业领域代表企业

专业领域	代表企业
软件与外包服务	文思创新、软通动力、博彦科技、新世基
互联网服务	百度、赶集网、腾讯
电信应用服务	信威通讯、亚信联创
云计算	IBM、Oracle、曙光、华胜天成
人机互换	汉王科技、捷通华声
金融信息服务	工行研发中心、汤森路透、银联
工程建筑	广联达
教育培训	世纪乐知、中欧商学院、华点
三网融合	大洋科技、瑞斯康达
信息安全	启明星辰、网秦天下

资料来源:《2010 年中关村软件园园区企业发展状况调查报告》。

中关村软件园还聚集了以国电南瑞、中科大洋、汉王科技、中国银联信息中心等企业为代表的国家重点规划布局软件企业 21 家,占到全国的 12%。

（2）中关村软件园吸引了一批具有全球影响力的软件企业入驻。中关村软件园成立至今，吸引了一批在全球范围具有影响力的软件企业入驻，例如 IBM、Oracle 等世界 500 强企业（见表 11-2）。这些企业还分别开始在中关村软件园建立各自的研发机构。

表 11-2　中关村软件园研发机构

企业名称	研发机构简介
IBM	中国研究院（全球八大研究院之一）
	中国开发中心（全球第五大研发中心）
	中国创新中心（亚洲最大信息系统中心）
Oracle	亚太研发中心
伟创力	中国研发中心
汤森路透	中国研发中心（全球八大研发中心之一）

资料来源：《2010 年中关村软件园园区企业发展状况调查报告》。

（3）中关村软件园孵化了一批具有发展潜力的中小企业。根据中关村软件园的调研数据显示，截至 2010 年 9 月，园区共有孵化企业 90 家，占园区企业总数的 41.7%。这些企业是中关村软件园的新生力量，其中很多企业具有非常大的发展潜力。例如被德勤评为"2010 年中国高科技高成长 50 强"的网秦天下、恒泰艾普等企业，它们的营业收入年均增长率都在 250% 以上。

（二）北京中关村软件园产业相关支撑机构的情况分析

中关村软件园充分了解软件企业的特殊需求，以自己特有的政府背景为软件企业架起一座与政府沟通的桥梁。中关村软件园园区服务体系主要由三部分组成，即产业服务体系、技术支撑体系和公共服务体系组成，如图 11-3 所示。

1. 产业服务体系

除了对于整个中关村科技园产业政策的咨询服务以外，中关村软件园还整合了以下方面的服务内容。

在人才培训方面，中关村软件园入驻教育培训机构 13 家，主要以

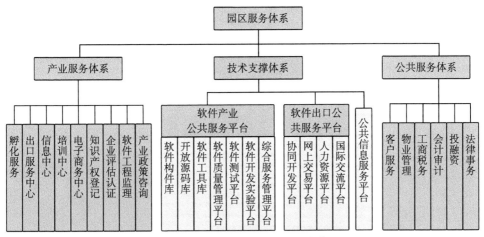

图 11-3　中关村软件园园区服务体系

资料来源：中关村软件园网站。

专业技能培训为主，培训业务则包括高端商业培训、专业技能培训、资格认证培训等领域（见表 11-3）。

在知识产权登记服务方面，中关村软件园企业累计拥有各类知识产权数量达 2373 项，专利数量有 1004 项，商标总数为 301 项，软件著作权总数 1068 个。知识产权登记数量主要集中在超过 1000 人的大型企业。园区企业注重知识产权保护的投入，42% 的企业有实际资金投入。

中关村软件园成立了出口服务中心。2003 年，在国内服务外包起步不久，软件园就开始组织服务外包企业"抱团出海"，以"Zpark"的整体品牌，承接国际业务。随后，软件园通过几十个月的谈判、合作，成功使印度最大的服务外包企业 TCS 公司的中国公司落户软件园，再次将软件园另一个品牌 SICO（中印合作办公室）也留下并做了金字招牌。

在孵化服务方面，中关村软件园的孵化服务由专业孵化服务公司管理和运营，主要针对中小软件企业，不仅为企业提供良好的政策环境和舒适的工作环境，更提供市场引导、培训、综合办公业务代理等

表 11-3　中关村软件园培训机构

园区主要培训机构	主要培训内容
中欧国际工商学院	MBA、EMBA、高级管理培训
北京圆方科美教育科技中心	IT 培训
世纪乐知教育集团	专业技术培训
中国软件国际人才交流中心	软件人才培训
华点教育	软件等专业技能培训
CBD 教育集团	软件人才培养
汇众教育集团	动漫、软件等专业技能培训
文思创新大学	软件人才培训
软件园培训中心	搭建人才服务平台
中国软件行业协会教育委员会	高校 IT 专业建设与评估

资料来源：《2010 年中关村软件园园区企业发展状况调查报告》。

符合中小企业切身利益的增值服务。

其他的产业服务还包括信息中心、电子商务中心、企业评估认证、软件工程监理、产业政策咨询等方面的内容。

2. 技术支撑体系

中关村软件园的技术支撑体系包括软件产业公共服务平台和软件出口公共服务平台两部分。做企业自己不能做的事情，帮助企业做好外部产业环境，是软件园服务体系的要点。软件园依托周边人才、科教和信息上的优势，着力发展公共的商务环境、信息服务和技术支持体系，解决企业的共性问题。目前，软件园已经搭建了近 20 个技术支持平台。

软件产业公共服务平台的建立主要考虑了"对中国的软件企业来说，技术开发的基础非常薄弱"。由中关村软件园与北京市科委共同投资 11600 万元在园内建立技术支撑体系——"三库四平台"（综合服务管理平台、软件质量管理平台、软件开发试验平台和软件构件库试平台、软件测软件工具库、开放源码库）为中小企业的研发提供支持，极大限度地提高了软件企业的研发效率。软件园对于企业采取的是"随机应变的帮助，不同阶段给予不同的培育方式"。

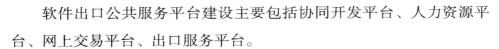

软件出口公共服务平台建设主要包括协同开发平台、人力资源平台、网上交易平台、出口服务平台。

中关村软件园公司与 IBM 公司全面合作，建立国家软件出口基地软件产品创新中心，包括协同开发平台、协同开发软件产品培训中心、协同开发软件产品服务中心以及协同开发软件产品用户组协会，并与专业公司一起进行平台市场推广、支持服务，为北京市外包企业提供协同开发软件产品及服务。

在人力资源平台方面，为了满足企业对人才的需要，园区专门成立了人才服务机构——中关村软件园人才服务平台。目前，园区已经建立并完善了人才储备、人才培养、人才选拔和人才就业为主体的人才产业链。

在网上交易平台方面，中关村软件园除了是软件企业的创业平台，还将成为中国软件产品、软件市场的最大交易窗口，让众多企业可以足不出园就能完成交易。

在出口服务平台方面，软件园已与 16 个国家和地区的相关机构建立了业务联系，与 10 个国家的科技园建立了友好园区关系，每年举办数十场各种形式的技术研讨会、商务洽谈会、品牌推广会，组织园内外企业参加美国、欧洲、日本、印度以及国内有关展会，共同拓展国内外市场。如今，软件园帮助企业"发现交易、促成交易，推动市场"的服务，已获得企业的充分信赖与青睐，悄然推动产业发展。

3. 公共服务体系

除了在整个中关村科技园层面的产业政策服务以外，例如海淀区政府制定了一系列措施，其中包括对优秀的高新技术企业服务平台和公共技术与产业化平台给予经费支持；对于成功培育企业上市的大学科技园给予每家 50 万元的扶持资金；对园内企业加入国际行业协会，制定行业标准，参与国际学术交流活动给予一定补助；等等。

北京中关村软件园产业集群公共管理主要有其公共服务体系来实

施，具体包括客户服务、工商税务服务、投融资、法律服务等方面的内容。

（三）北京中关村软件园产业集群公共管理情况分析

中关村软件园的规划本着"以人为本"的要旨，充分考虑到了整个园区的环境及功能布局，主要由软件研发区和公共配套服务区两部分组成。软件研发区以组团的形式，围绕中心绿地和水面呈自由状分布。公共配套服务区设置在园区边缘东南两侧，建有软件广场、信息中心、孵化器、体育场馆、宾馆、公寓等配套设施。

中关村软件园区建设的思路是抓重点、促聚集，通过引进重大、高端产业项目落地，重点营造产业创新发展环境，培育园区内的创新集聚效应。作为全国软件与信息服务产业自主创新和高端服务业的核心区，中关村软件园已经形成了独立软件开发产业、金融信息服务产业、计算机与通信一体化产业、软件与信息服务外包产业、文化创意产业五大高端产业集群。每一个产业集群中，园区都有该行业的龙头企业。例如独立应用软件的代表广联达公司，占到中国建筑应用软件市场60%以上的份额；中关村软件园发起成立的服务外包联盟企业占到北京市服务外包业70%的市场份额；金融信息服务业方面，园区则有世界两大金融信息解决商之一的路透社；计算机通信一体化领域中，园区有研制出中国自主知识产权的SCDMA信威通信。

中关村软件园产业集群的作用体现在化学意义上的"反应"。通过园区构建起来的专业化产业平台，实现企业之间的聚合反应。例如软通动力与联合创新的企业合并，优势互补，产业聚集的优势很快显现，企业发展快速，现在已经是8000余人的大公司。

依靠强大的创新能力和创新集聚效应，2009年园区经济总量和出口双双逆势上扬。以产业聚集为主要特征的开发区模式，是承载我国改革开放30年以来经济发展的重要力量之一。温家宝总理在视察中关村科技园区时做出了国家高新区建设要实现"四位一体"的指示，即"要使国家高新区建设成为促进技术进步和增强自主创新能力的重要载体，带动区域经济结构调整和经济增长方式转变的强大引擎，高新技术企业'走出去'参与国际竞争的服务平台，抢占世界高技术产业制高点的前沿阵地"。

三、北京中关村软件园产业集群的创新能力分析

2011年7月，课题组就中关村软件园产业集群的创新能力情况对中关村软件园发展有限公司及软件企业13家进行了问卷调查，按调查计划共收回企业问卷13份，回收的问卷均为有效问卷，符合调研计划要求。基于问卷调查结果，本报告将从创新意识、创新资源、合作网络、创新活动、创新绩效和创新环境六个方面对中关村软件园产业集群的创新能力进行分析。

（一）创新意识

创新意识项目涉及企业所在区域的创业、创新价值观，企业的创业、创新意识，企业对市场和技术机会的认知度以及企业对利用外部创新资源的认知度四个方面。

北京中关村软件园产业集群"企业所在区域的创业和创新价值观"指标的平均值得分为3.23，表现出较强的创业和创新价值观，以及人们对于创新和创业行为的认可。虽然人们对区域生活水平不是很满意（分值为2.38），但在中关村软件园产业集群中充满了创业精神，其中"想创业或创新致富的人的比例"得分为3.62，而人们普遍认为通过创新或者创业活动会获得社会的尊重（分值为3.69）。

但是，企业的创业、创新意识却相对比较薄弱，指标平均值为2.23。大多数企业认为中关村软件园创业、创新机会多（单项指标值为3.54），反映了软件产业快速成长的现实。软件产业创新的巨大风险，园区内企业对于风险的承受能力比较差（分值为1.85），并希望能够在较短的时间内收回投资（分值为1.31）。

同时，企业对国内外市场和技术机会的认知度较高，分值为3.64。大部分的企业都认为自己拥有比较先进的技术，与国内企业相比得分为4.00，与国外企业相比得分为3.77，但园区的企业对于外部技术环境的关注程度却相对不足，得分为3.15。

企业对利用外部创新资源的认知度得分为3.63，多数企业认为很有必要利用外资资源。企业对创新活动目标的认知度得分为4.53，体现了园区企业对各种创新活动重要性的认识程度非常高。

（二）创新资源

调查问卷中有5道题与创新资源相关，涉及企业研究开发基础设施、企业研究开发投入强度、企业技术人员投入强度、企业熟练技术工人投入强度四个方面。

软件产业作为高新技术产业性质决定了园区大部分企业均设有专职的研发机构。增加研发投入、加快创新步伐是企业发展的重要动力来源，中关村软件园各企业研究开发投入占销售收入比重非常高，分值为4.92。

但是，园区企业在研发人力资本方面的投入持续性有所欠缺。根据对于样本企业数据分析，在过去1年中，企业的技术人员占员工总人数比重增加幅度较小。企业人力资本的稳定性则得到保持，公司5年以上工龄技术工人占技术工人总人数比重项目得分为2.46。同时，样本数据也反映出园区企业对于外部技术研发合作重视程度不够，与公司保持长期合作的外部专家人数项得分仅为2.31。这些数据说明，

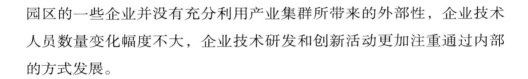

园区的一些企业并没有充分利用产业集群所带来的外部性，企业技术人员数量变化幅度不大，企业技术研发和创新活动更加注重通过内部的方式发展。

（三）合作网络

对集群内合作网络情况主要从企业所在区域的合作网络基础、合作的参与程度和企业合作创新的深度三个方面进行分析。

就"企业所在区域的合作网络基础"而言，中关村软件园产业集群还没有形成较为成熟的内外部网络链接。在园区内部，促进企业间、校企间合作的协调机构数量比较多，分值为3.15；地方政府支持的合作研发项目数量得分为3.69；以技术信息交流为目的的平台或场所数量得分为3.77；以技术开发和应用为目的的平台或场所数量得分为3.62；技术领军企业的数量比较多，得分为4.46。这些情况都与中关村软件园的现实比较接近，园区的各种服务平台建设为企业提供了良好的创新条件。

但是，园区企业的合作创新参与度比较低，分值为2.25。这与在创新资源项目分析中的情况一致，企业技术研发和创新活动更加注重通过内部的方式发展。在现实的情况中，企业与区域内其他企业在技术咨询、共同研究开发、产品或服务交易、提供融资方面的洽谈情况比较多（分值为3.19），但在技术咨询和共同研究开发方面开展实质性的合作则相对比较少（分值为2.56），尤其企业与研究机构和大专院校的咨询合作、研发合作、技术引进、人才引进等方面的内容比较少，例如研发合作项目的分值只有1.69，而人才引进合作只有1.23。中关村科技园区需要加强企业的合作创新参与度，加强企业与研发机构之间，尤其大学院校之间人才和技术方面的合作，引进新的技术人才，以提升企业和集群的创新能力。

（四）创新活动

调查问卷中创新活动项目涉及企业研究开发能力以及企业产品开发、商业化能力两个方面。在本次调研中，我们发现中关村软件园企业的创新活动能力得分只有 2.15，没有表现出相应的创新水平，具体原因还有待于更深入的调研和分析。

就"企业研发开发能力"而言，该集群企业并没有表现出应有的实力，得分只有 1.71。从对于样本企业的调研反映出，园区企业实施新研究开发项目、申请专利、国家级科研成果的能力分别得分只有 1.64、1.41 和 1.31，处在一个比较低的能力水平。出现这样的结果可能与样本企业中没有涵盖一些研发能力比较强的企业，例如 IBM、百度等。

就"企业产品开发、商业化能力"而言，样本企业数据分析得出的结论也不是很乐观，只有 2.59，企业的研发商业化能力处在一个平均的水平。除了一些原来就比较著名的企业，小企业中新产品推出的数量（2.77）、著名商标和品牌的打造（1.08）、新部门的设立、新商业模式的采用（3.92）等内容都处在比较低的水平。

从样本企业所反映的情况来看，中关村软件园在经历了 10 年的快速发展之后逐步进入成熟期，企业创新活动，尤其中小企业的创新活动处在一个缓慢发展的状态，这需要管理者发现这种现象背后的原因，力图帮助企业开启新的创新历程。

（五）创新绩效

调查问卷中有 4 道题与经济绩效相关，涉及企业销售收入和企业技术水平两个方面。

就"企业销售收入增长"而言，考虑企业在过去 1 年中销售收入增加，并且创新合作对此变化的贡献，得分值为 4.0。在创新不足的情况下，企业依旧取得了良好的销售收入增长水平。就"企业技术水平的提高而言"，与同行相比，企业的技术水平有小幅的增加，分值为3.77。这也是市场成熟期企业经营的一种形态。

但是在管理者的主观评价中，他们还是比较认同技术创新对于企业发展的重要性。问卷数据分析显示，创新对企业绩效贡献程度项目得分为3.67。其中，与大学科研机构合作对销售收入增加和技术水平提高的贡献程度为3.62；与区域内其他企业的合作对销售收入增加和技术水平提高的贡献程度为3.81；与区域外其他企业的合作对销售收入增加和技术水平提高贡献程度为3.58。相对来讲，园区企业之间的技术合作更加能够有效提高销售收入水平，这一点体现出了集群的作用。整体上讲，集群创新促进了企业销售收入的增长和技术水平的提高，企业认识到加强同大学科研机构和其他企业合作创新对销售收入增加和技术水平提高的重要性。

同时，对于创新失败的原因，最为重要的影响因素是缺乏资金（4.22），其次分别是人才的缺乏（4.11）、政策限制（4.00）、市场化（3.56）、管理能力（3.44）和生产工艺（3.33）的影响。

（六）创新环境

调查问卷中有8道题与创新环境相关，涉及地方集群政策、风险资金发展水平、核心技术人才可获得性、核心生产设备可获得性、市场竞争水平、产业配套水平、高端客户结构七个方面，调查显示，中关村软件园的创新环境整体基本良好。

地方政府提供的集群政策优惠对于园区企业而言只表现出"一般"的水平，得分值为3.26。这要求集群所在地的政府机构在提供相关的园区服务时，稍微关注企业真正需求，要强调这些政策措施的有效性和实用性。

调查数据显示，技术人员或技术工人的获得情况得分为3.23，核心生产设备的获得情况得分为 3.62。这两个条目说明，就有形资产而言，企业已经能够初步利用集群所带来的外部性。但考虑到其他两个条目，提供与贵公司相同产品或服务的企业项目得分为 2.77，具有产品配套关系的企业项目得分为 3.08。这两条说明企业之间的关联程度太低，中关村软件园目前还没有充分挖掘整个产业的集群效应。

风险资本数量满足企业需要的程度得分为 2.92。根据《2010 年中关村软件园园区企业发展状况调查报告》，中关村软件园区 31.7%的企业有过融资行为，主要通过银行信贷进行融资，只有 18.4%的企业通过上市或者风险投资的方式进行融资。数据分析的结果基本反映了企业的现实融资情况。

国外客户销售额的比重得分为 1.62。中关村软件园的企业目前都是以国内市场为主导的发展目标和方向，如前所述国内市场收入占园区总产值的 79.2%。国际化虽然正在进行之中，但程度相对比较低。

四、结　论

作为国家软件产业基地，中关村软件园区企业的自主创新能力不断加强。作为国家软件出口基地，软件产品出口和 IT 服务外包产业的发展使园区的产业规模迅速扩大，国际化水平日益提高。中关村软件园整个业态分布是高端的信息服务产业，聚集了一批国家级研发中心。中关村软件园经过 10 年的发展，已经初步具备软件产业集群的形态。

中关村软件园的成功发展和创新能力的提升取决于以下几个重要的方面：

1. 整体而言，中关村软件园的发展与整个中关村科技园的成功发展历史经验、区域政策和创新文化紧密相关

中关村科技园在 20 余年的发展中，凭借得天独厚的科技资源优势，紧紧抓住计划经济向市场经济转变的历史性机遇，求实创新、开拓进取，创造了令世人瞩目的成绩。目前，在园企业总数突破 1 万余家，经济总量在全国 53 个国家级高新区名列前茅。

中关村软件园是整个科技园发展的一个重要组成部分。在园区的发展过程中，政府的作用定位应该是考虑如何进一步聚集和集中相似的产业活动，有意识地创造和明确集群属性，以培育竞争环境和水平，提高知识的溢出效应。知识溢出效应强调知识在集群区域内的有效转移机制，使得企业认为通过技术创新提高经济绩效是有可能的。政府的作用是便于企业之间信息的沟通和获得，或者通过培训计划帮助集群内部的员工提高技术能力，增加技术人员的流动性，创造一个知识在集群地域内的企业之间能够良好扩散的环境。在这些方面，中关村科技园和软件园都是比较成功的典范。

2. 中关村软件园所具有的地理优势和人才优势

软件园是整个中关村科技园的一个组成部分。中关村软件园成功发展的关键外部因素是中关村软件园的环境和地理位置。中关村软件园位于北京市，中关村高新技术园区又是全国第一个高新技术园区，海淀区集中了全国最优秀的高校和科研院所，并有最优秀的技术人才储备。

例如，中关村软件园注重人才的发掘与培养，高端人才正在园区形成聚集。例如实施的"千人计划"和"海聚工程"等，培养出了一批行业领军人物，保证了园区企业的持续创新和发展能力。

科研力量和人才在中关村区域的聚集形成了巨大的集群优势。正是由于这些力量的参与，在政府的协调之下，才有可能把中关村科技园区建设成为创新意识活跃、创新要素完备、创新能力强劲、创新环

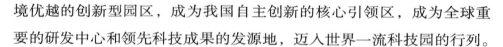

境优越的创新型园区，成为我国自主创新的核心引领区，成为全球重要的研发中心和领先科技成果的发源地，迈入世界一流科技园的行列。

3. 中关村软件园的较强自主创新能力

创新是中关村软件园不变的发展主题，园区主要以国内企业为主，正是这些国内企业通过持续不断的科技创新投入，取得了良好的创新绩效。在一个强调创新的大环境中，企业能够意识到通过技术创新对于经济绩效的提升作用，园区企业有着普遍的创新价值观和创新意识。例如，调研中我们发现，各企业研究开发投入占销售收入比重非常高，分值为4.92。园区企业普遍认为增加研发投入、加快创新步伐是企业发展的重要动力来源。

但是，通过调研数据的分析我们依旧能够从中发现一些问题，主要包括两方面的内容。

首先，园区的政策并不能够完全针对企业的创新和发展需求。在政策支持方面，政府所提供的有些服务并没有为企业带来便利。例如在合作网络项目中，政府提供的各种促进合作的方式很多，但企业依旧缺乏合作创新的动力和行为。

在国内很多地区，产业集群多以科技园区的形式存在，当地政府的科学技术委员会或者其下属的园区管理委员会负责对这些企业进行管理。这些管理机构能否在企业和政府之间起到桥梁中介作用，沟通企业的需求和政府对于经济发展的要求；能否帮助企业获得当地政府的相关政策支持等，是管理部门应该首要考虑的问题。

例如，在中关村软件园产业集群调研中发现，地方政府提供的集群政策优惠对于园区企业而言只是表现出"一般"的水平，得分值为3.26。就集群效应而言，调研发现，园区企业对于有形资源的利用比较充分，而对于无形资源的利用则相对较弱。集群的优势主要在于知识的扩散，形成网络化，中关村软件园在这一方面有所欠缺。这要求集群所在地的政府机构在提供相关的园区服务时，关注企业的真正需

求，要强调这些政策措施的有效性和实用性。

其次，中关村软件园区企业出现创新能力不足的现象。根据中关村软件园产业集群的调研数据分析，园区企业研发开发能力没有表现出应有的实力，得分只有 1.71，处在一个比较低的能力水平。企业产品开发、商业化能力分析中，企业的研发商业化能力处在一个平均的水平。例如，调研中我们发现，除了一些原来就比较著名的企业，小企业中新产品推出的数量（2.77）、著名商标和品牌的打造（1.08）、新部门的设立、新商业模式的采用（3.92）等情况处在比较低的水平。

此外，园区企业并没有能够有效利用软件产业的集群效应。从调研的数据分析，在园区内部，企业之间的研发和创新合作活动比较少，各企业主要通过内部的研发活动带动企业的创新绩效。企业和研发机构，以及大专院校之间的技术合作也比较少。

从样本企业所反映的情况来看，中关村软件园在经历了 10 年的快速发展之后，企业创新活动，尤其中小企业的创新活动处在一个缓慢发展的状态，这需要管理者发现这种现象背后的原因。

第十二章
海淀科技园国际化定位模式研究

中关村科技园区海淀园的前身是北京市新技术产业开发试验区，是我国建立的第一家国家级高新区，是中关村科技园区的核心园，是我国改革开放 30 年的产物。海淀园在 20 余年的发展中，凭借得天独厚的科技资源优势，紧紧抓住计划经济向市场经济转变的历史性机遇，求实创新、开拓进取，创造了令世人瞩目的成绩。目前，在园企业总数突破 1 万余家，经济总量在全国 53 个国家级高新区名列前茅。2005年，海淀园管委会确定了要建设"自主创新体系"和实施"走出去"战略两个方面的问题。按照"做优、做强海淀园"的规划，到 2015年，园区要迈入世界一流科技园行列。2008 年是园区成立 20 周年，以此为契机，提出了"做优、做强海淀园"的战略思想，总体目标是：把园区建设成为创新意识活跃、创新要素完备、创新能力强劲、创新环境优越的创新型园区，成为我国自主创新的核心引领区，成为全球重要的研发中心和领先科技成果的发源地，迈入世界一流科技园的行列。

国际合作处作为海淀园科技园区的一个职能部门，或者一个工作职能单元。在部门以往经历的 20 年，不同时期有不同的表现，但其主要的职能是为高新科技企业服务。本案例的主要目的是通过对于海淀园在 20 年过程中取得工作成绩和脉络的梳理，总结其发展和成功的经验。这种总结工作可以起到提纲挈领的作用，并指导海淀园下一步的工作，这种成功经验的总结对于全国其他各个高科技园区的工作也会有借鉴和参照作用。本案例选择海淀科技园国际处作为研究对象，通过对其不同阶段工作方法简要描述，进行理论上的梳理，然后形成模式化，来指导现有阶段工作的进一步展开以及未来工作的定位。

海淀科技园国际合作处（以下简称"国际处"）的定位实际上涉及公共部门的一个定位问题，而这个过程和资源基础、组织学习、制度创新等理论有关系。从这个角度，案例研究试图找到当前这些理论研究到什么程度，才能作为案例写作实施工作的基础。在研究过程中，课题组把海淀园国际合作处的历史划分为四个阶段：第一是服务的签证时期；第二是服务的转型时期；第三是建设和运营服务的 iBridge 平台；第四是进一步的提升和发展的时期。在这个过程中，课题组把海淀国际处放在这样的环境中去理解。首先，国际处的工作是在海淀科技园领导下进行的，主要目标是为企业服务，但同时作为一个政府部门，还接受北京市各部门的领导。在改革开放后，国际处的领先之处在于，其除了把目光盯在政府外也开始把眼光盯在客户需求上。注意国内外资源的需求方（企业），在不同的阶段发展中需要什么，另外就是国外的资源提供方能够提供什么。在此过程中，国际处起到了桥梁的作用，这个桥可能是虚拟的也可能是实体的。在整个过程中，国际处都在不断地调整与各个部门的社会网络。如果整个网络是作为整个学习积累创新学习结果的话，它也是提供资源思想、学习基础的。案例写作的目标是把这个社会网络描述出来，国际处怎样与园区企业进行互动，在互动过程中学习和服务创新是怎么一步一步实现的，怎么使得一个相对于其他部门而言比较小、依附于其他部门存在的业务单元，发展到相对独立的，到后来对整个园区，甚至是为北京市经济发展做出了贡献。在课题实施的过程中我们围绕几个要点，包括在什么资源条件下做的事情？为什么做这些事情？采取了哪些行动？达到了什么效果等问题开展调研工作。在国际处的每个发展阶段，我们用"5W1H"的方法分析，试图对国际处的发展历史经验做出完善的总结。

基于以上考虑，课题组开展全方位调研，在课题实施过程中，访谈了国际处的员工、海淀园的领导、海淀园内部的众多企业，并参加了海淀园国际处的总结会议，试图全面了解海淀园国际处的工作。在访谈的基础上，结合对于现有理论文献的搜索和总结，逐步形成了"海淀园国际处定位模式研究"的案例报告。报告主要包括以下几个部分：国际处发展的 4 个阶段历史总结；环境变化以及国际处的二次创业；iBridge 的成功因素总结；国际处和 iBridge 未来发展探索以及经验推广的政策建议。

一、国际化平台 iBridge 的成功关键因素研究

在微观层面，海淀科技园管委会各个部门和其员工的努力工作在不断推动着园区的发展，以及各种政策的落实。在海淀科技园提出"国际化"和"第二次创业"的政策背景之下，随着政府审批职能的弱化，园区各职能部门也面临着角色转换的挑战。然而，正如历次重大变革前总有先知先觉能提前做好战略调整准备一样，海淀科技园国际合作处，早在几年前就有意识地开始了以提升园区全球化的社会资本（International Social Capital）、建立园区全球化的社会网络（International Social Network）以及开放式创新（Open Innovation）为理念的转型尝试。这些尝试使国际合作处成为园区国际化和开放式创新的先头

165

兵。尤其是在这些理念指导下，园区国际合作处借助先进的 IT 技术（Web2.0），建立了实践这些理念的平台——iBridge（http：//www.ib-ridge.com.cn/），并使之成为发展海淀科技园国际化和开放式创新的强有力的引擎和杠杆。国际合作处完美演绎了社会资本理论及社会网络理论在现实工作中的应用，做出了成功的探索，这一经验值得总结推广。

本案例认为，随着改革开放的深入以及政策环境的不断变化，海淀园国际合作处不断调整部门的业务能力，积极学习，促进部门的变革以适应环境的变化，并取得了杰出的工作成绩，其部门成绩首要反映在"国际化"的孵化器——iBridge 网站建设和运营上。

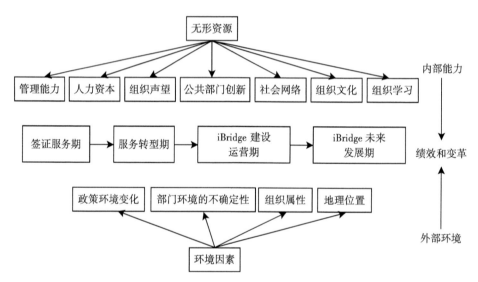

图 12-1　海淀园国际化 iBridge 平台定位研究框架

通过调研和分析，我们厘清了海淀园历史发展过程中的一些关键事件和成功经验。在进一步实现帮助企业"走出去，引进来"战略，以实现企业自主创新目标的战略过程中，iBridge 平台起到了重要的作用。在此，我们认为 iBridge 成功经验的推广，需要考虑实施此项目的主持单位——海淀园国际合作处的历史经验和作用。

1. 海淀园国际合作处介绍

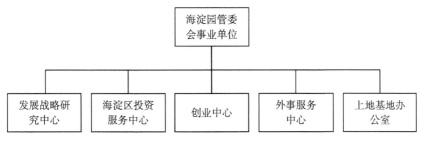

图12-2　海淀园管委会下属的事业单位

海淀园外事服务中心是中关村科技园区海淀园管理委员会下属的事业单位之一，主要职能包括：

（1）负责开展同世界各国、各地区经济贸易界、科技园区孵化器、商协会和其他经贸团以及有关国际组织的联络工作；

（2）邀请和接待外国科技、经济贸易界人士和代表团组来访，组织经济贸易、技术代表团、企业家代表团出国访问和考察，参加有关国际组织和它们的活动；

（3）负责与外国驻华使、领馆和外国组织在华设立的代表机构以及外国在华成立的商会、企业进行联络；

（4）负责国内外科技园区经济调查研究和科技经济贸易信息的收集、整理、传递工作；

（5）向国内外有关企业和机构提供同园区内企业经济技术合作和贸易方面的信息和咨询服务及国内外公司、企业的资信调查服务；

（6）联系、组织中外经贸、科技界的技术交流活动；

（7）办理其他促进对外科技经济贸易合作的有关事宜。

2. 国际处发展的历史阶段

我们按照4个阶段来分析海淀科技园国际合作处的发展历史。

（1）签证服务期。海淀园国际合作处的前身是外事处，最初的工作任务仅仅是帮助一些事业和企业单位的出国人员办理护照，外事处需要打交道的部门只有企业和公安局出入境管理处，工作内容很简单，部门的网络也不复杂，工作网络关系如图 12-3 所示。

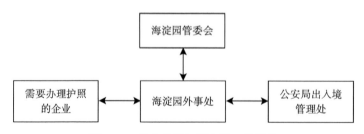

图 12-3 外事处签证服务期工作网络

外事处是应高新技术企业出国难、办理护照难而生的，而且在当时试验区建立的时候并没有外事职能，也没有外事办公室，当时有四通邓八大公司的人员出入境问题，由科技部代管。高新技术企业如果想发展，就必定和世界密切联系，人员出入境是很重要的一个环节，必须要面对这些问题。为此海淀园外事处迎难而上，克服在体制上、体系上、政策上、手段上、能力上、经验上等各种不足，争取到了北京乃至国家相关部门的理解和支持，逐步建立起了集外事接待、对外交流、因公任务审批、政审审批、护照、签证等多种审批功能于一体的"一站式"服务平台，先后争取到了跨地区、跨部门政审审批手续的异地委托、一年内多次出国一次审批等多项优惠政策，从源头上解决了企业出国难和审批渠道问题，从而取得了试验区高新技术企业人员办理因公出境审批、护照、签证时间从 3~4 月减至半个月，审批程序由 3~4 个部门减到 1 个部门的体制改革成果，创造了每年为高新技术企业办理因公出国境手续 1000 多人次纪录，联想、时代、北大、清华等单位都是重点服务对象。北京市外事办公室、北京科委、北京市商务局、北京市委组织部、海淀区委组织部在这方面给予大力的政策支持。

　　（2）服务转型期。随着国内各项限制政策的放开，需要外事处协助办理的护照数量越来越少，海淀园外事处深刻认识到部门业务减少所带来的危机，并意识到这也是一个机会。在海淀园国际化战略的背景之下，外事处开始实施部门的二次创业。

　　随着国内开放程度的提高，一些在改革开放初期曾经十分重要的部门逐渐被边缘化。一些主管部门例如土地审批、园区基础建设部门，随着国家政策的变化和高薪产业区的成熟，作用逐渐没有园区建设初期那么明显。海淀园外事处也面临相似的困境，并开始努力拓展自己的工作空间。

　　随着国内外环境的变化，一方面是国内更加开放，另一方面企业要"走出去"实现国际化，怎么才能更好为企业进行服务呢？在新的时期就需要有更好的方式。

　　（3）iBridge 建设运营期。根据园区国际化的战略目标，海淀园外事处选择以 iBridge 作为企业服务平台，开始了其国际化的步伐。因为工作中心的变化，海淀园外事处也更名为国际合作与品牌处，名称的变化也能反映出部门工作内容和重心的变化。

　　海淀园国际处通过在其签证服务期的工作，积累了广泛的人脉关系，包括与国外各个领域专家的联系，外事合作过程中了解的各个行业协会等信息，这些都是国内企业在走向国际的过程中所迫切需要的。另外，国外的市场也需要了解中国企业，海淀园国际处正是处在这样的一个拥有双方信息和需要的角色和地位，信息桥（Information Bridge）理所当然地成为当时国际处的首要选择。因为对于双方信息的了解和熟悉，这些内容正在成为海淀区国际处的核心能力，这种能力正是在长期的对内对外的外事活动中所积累的。

　　iBridge 网站迅速地完成了建设。在建设过程中，海淀园国际处不断和建设单位沟通自己的理念，力图把 iBridge 平台建设成为一个独具一格的网络平台。最为重要的是，要能够实现国际处所设想的那样，帮助中国企业了解外国市场，走出国门；帮助国外市场了解中国企业，引进信息和技术。海淀区国际处强调平台的实用价值，而不是依靠华而不实的内容获得企业网民的点击率。正是因为对于平台的严格要求和对于自身资源的深刻理解，海淀园国际处才能够迅速完成平台的建设，并投入应用。

平台建设完成以后，海淀园国际处有在不同的场合向园区企业宣讲平台的功能和作用，同时又通过各种外事活动的机会向国外同行和机构大力介绍 iBridge 平台的功能的愿景。在国际处的不断努力下，iBridge 获得了巨大的成功。2007 年平台的建设经验被科技部作为"火炬计划"的重点项目在全国范围推广；国内企业也正在逐渐通过 iBridge 平台获得信息和交流的机会；正如前一部分我们介绍的那样，国外同行也对于 iBridge 平台给予了极大的认可。

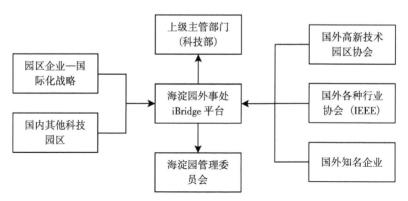

图 12-4　iBridge 建设运营期国际处工作网络图

此时，海淀园国际处通过 iBridge 平台迅速扩大了部门的影响力和网络。以此为平台，国际处的工作网络也不断地扩大，在帮助海淀园实施"走出去"的战略中起到了重要的作用。例如 2007 年 1 月 31 日，中关村科技园区海淀园管委会（HSP）参加了由中国和葡萄牙总理出席的两国在司法、经贸、科技、教育等领域的合作文件签字仪式，并与葡萄牙仕博创新管理咨询公司（SPI）签订框架性合作协议。签约仪式在人民大会堂举行，时任国务院总理温家宝和葡萄牙总理苏格拉底出席了签约仪式。时任海淀区委常委、副区长、中关村科技园区海淀园管委会副主任的于军先生与葡萄牙仕博创新管理咨询公司董事阿马拉先生分别代表双方出席了签字仪式，并签署了《HSP 与 SPI 共同促进双方企业的创新与国际合作进程框架性合作协议》。协议主要包括以下方面的内容：在欧盟委员会第七框架计划的项目下就促进中、葡双方中小企业的创新和国际化进程开展合作；与海淀园合作为海淀园的高科技企业在国际市场的开拓、技术转让和研发等活动中提供咨询服务。HSP 将根据相关规定接受 SPI 为 iBridge（国际合作网络工作平台）项目的会员。SPI 将通过其网络推广 iBridge。

在事件的整个过程中，海淀园国际处 iBridge 平台显示出巨大的能量，SPI 正是通过 iBridge 平台了解了海淀园的历史和发展，了解海淀园的成功经验和中国优秀的企业和企业家。

（4）未来发展期。通过课题研究，我们希望能够为海淀园国际处和 iBridge 平台建设的发展提出意见和指导，在"走出去"政策背景的要求下，本着转变政府职能和服务园区企业的目的，努力开展海淀园国际处的部门工作，并以 iBridge 为网络平台，沟通和协调政府、科研机构、协会等社会资源和企业之间的互动，扩大自己的社会网络。

二、社会环境变化以及国际处的二次创业

（一）园区环境背景的变化

1. 国际环境变化

进入 21 世纪以来，我国所面对的国际环境发生了重大的变化。国

家之间的竞争主要体现在经济的发展和技术创新等软实力方面。另外，国家之间的竞争也逐渐加强，围绕资源、市场、技术、人才的国际竞争日趋激烈。科技园变得越来越专业化，它们为入驻企业提供更好的绿化环境、商业环境和公共服务，使其能更好地工作和生活；同时，它们开始关注环境问题，不允许高污染的活动在园区内进行。

自从 20 世纪 50 年代，以美国硅谷、北卡三角园为代表的高科技园区在欧美等发达国家兴起。随后，形形色色的科技园区建设运动在世界各地蓬勃开展起来。经过 50 多年的发展，科技园区已经成为世界各国公认的推动科技创新、促进经济社会发展的重要生力军。

经过半个世纪的摸索和实践，一些科技园得到肯定而得以继续发展，一些科技园被证明过时而需要调整思路，还有一些科技园在激烈的竞争中惨遭淘汰。世界科技园协会总干事路易斯·桑斯认为这对科技园来说是"生命的规律"——"当一些新模式、新方法出现后，个体就面临着是否要在新模式下发展的抉择"。

2. 国家环境变化

经济全球化步伐明显加快，技术创新已成为国际竞争的关键因素。我国的对外开放将进入一个新的历史阶段，国内经济与国际经济将进一步融合。一方面，为我们充分利用两个市场、两种资源，引进先进技术，参与较高层次的国际合作与分工创造了条件；另一方面，也使国内企业不得不直接承受来自国际的竞争压力。提高技术创新能力、加快高新技术产业化进程、加大对传统产业的技术改造力度、着力发展有竞争优势的产业技术、增强技术创新能力，是我国提高国际分工地位、全方位参与国际竞争的迫切要求。

高新技术产业处于起步阶段，产业规模小，技术基础薄弱，技术创新能力和引进技术的消化吸收能力不足。目前我国以企业为主体的技术创新体系建设尚处于起步阶段，创新成果产业化迟缓，技术开发与创新经费投入低，大大制约了技术创新能力的提高。

应以市场为导向，加强技术创新，发展高科技，实现产业化。做好技术引进工作，支持鼓励国内企业在境内外建立合资合作技术研发机构，鼓励外商投资企业在国内建立研究开发中心，促进技术扩散。

（1）北京市环境。北京市政府提出了中关村科技园区的建设长远目标，这是对于中关村管理者和中关村所有企业的期望。"把首都的科技人才资源优势转化为创新优势和产业优势，努力将中关村建设成为世界一流的科技园区。"

（2）中关村环境。通过了解海外科技园区的发展情况，海淀园还存在很大的差距，并且也面临国内其他地区科技园区的竞争，甚至北京同城科技园区的竞争。值得注意的是，就投入产出而言，中关村尚未真正发迹。这次"走出去"的国际化战略正是中关村科技园区的一个重大契机，能够使得中关村科技园区成为世界一流水平的高新技术产业园区。在国际化战略的实施过程中，需要很多交流和信息沟通的机会和方式。目前，这些机会和方式正是企业需要的、现有的市场环境所缺乏的，而政府公共部门又不可能完全提供这些资源和信息。

（3）海淀区环境。海淀区大学科技园已经成为我国最具科技园区特点的产学研互动平台，聚集了一批高新技术领域的跨国公司和研发中心，创新能力和产业化能力都非常强，但也存在着公共服务投入有限，发展潜力难以进一步释放等问题，亟须政府支持。

为此，海淀区政府制定了一系列措施，其中包括对优秀的高新技术企业服务平台和公共技术与产业化平台给予经费支持；对于成功培育企业上市的大学科技园给予每家50万元的扶持资金；对园内企业加入国际行业协会，制定行业标准，参与国际学术交流活动给予一定补助；等等。

以"国际化"和"创新"为目的的企业支持政策正在海淀区实施和展开。但除了政策支持以外，企业还需要很多信息的咨询服务等方面的内容。

（二）国际处二次创业：iBridge 平台的建立

海淀园外事处工作始于 1988 年，它最大特点是将园区逐步形成的国际化服务平台（政策平台、网络平台、交流平台、合作平台）建在为企业服务之中。在 20 世纪 90 年代初期，海淀园的企业缺乏对海外发展理论体系的研究；缺乏本地化发展战略等国际市场实战经验。在这种客观条件不足的情况下，率先提出了"与狼共舞"、"瞎子背瘸子"的国际化战略。在这种情形下开始的海外市场开发，确实得到了许多接轨经验，但也具有一定的盲目性，因此亲身体验了由国际惯例、文化背景、品牌战略、科学技术等冲突带来的酸甜苦辣的滋味。经过 16 年的历程，海淀园的高新技术企业外向型意识有了很大的变化，从盲目闯荡型开始向理智稳妥型转变；企业对政府的需求也从简化国内审批手续向提供外方市场信息方面转变。

海淀园外事处认为，一方面企业要面对全球化和知识社会的挑战，另一方面要面对企业行为必须要在某一地区实现集中的现实。在竞争日益激烈的市场环境下，对于增加各个行业、企业以及政府经济部门之间的沟通显得迫切需要。

海淀园外事处在其 20 年的发展过程中，同来自世界不同国家和地区的专家、学者以及政府官员保持着一个良好的关系。例如到 2005 年，海淀园外事处的专家库就有来自世界 54 个国家和地区的 840 名专家。

中国要到 2021 年完成向创新型国家的发展，作为国内 54 个高新技术园区中最大的中关村海淀园，更加需要在与全球市场互动的过程中展现自己的创新能力，帮助企业"走出去"，实施国际化战略。另外，要帮助企业努力吸收国外的经验和技术。这正是"走出去，引进来"战略的核心思想。iBridge 就是这样的一个平台，帮助企业应对全球化和知识社会的挑战。

iBridge 是 Information Bridge 的简写，意为：信息之桥。

中关村海淀园国际化在发展过程当中的铺路石、合作路、联络网、信息桥等发展阶段的演变过程以及不断变换、相互组合的客观应用和真实写照，可以把中关村科技园区合作之道概括为四个"一"：一个平台、一个窗口、一个办法、一个中心，另外还有一个"多"，这样可以向大家综合展示中关村是政产学研合作的一种模式。

一个平台，iBridge Web2.0 新型网络平台。这个平台看似很普通，它同一般意义的网站平台没有什么两样，但实际上它又不普通，它是以 Web 2.0 理念为依托，专门为高新技术企业而搭建的新型网络平台。它的建设理念是"联网、联心、联世界；通路、通智、通四方"，这里的联网指的是两个网：一个是人脉体系网，另一个是计算机服务体系网；联心主要是讲诚信、讲规则、讲道德，在这样的基础之上可以开展广泛的合作。

平台的主要核心业务是以平台式开展相互的咨询、培训和会务会展，会员大概分为四类，政府会员、机构会员、企业会员和专家会员。网站在 2007 年 9 月正式开通，并开始试运行，很快有 300 多家会员单位在上面应用，而且有很多的专家和企业将自己的信息和产品发布。平台建设项目得到科技部"火炬计划"的支持，随着项目研究的不断深入，该项目被列入 2007 年"火炬计划"重点项目。

（三）iBridge 的成功经验

1. 中关村科技园区海淀园国际合作之道的成因

海淀园国际合作之道可以总结为以下几点。首先，是国家建设高新区的宗旨，因为高新区承担着和经济特区、经济技术开发区一样的特殊使命，它在创新引领方面会有很多的要求和作用；其次，能够正确地理解和实践"试验"两个字，试验本身就是一种科学的态度、做事的方法；最后，能够把国际科技园区自觉地作为发展的参照系。

园区管委会有很强的服务意识，主要体现在用活、用好政产学研的模式上。具体体现在"四个坚持"。一是，二十年坚持一个口号，一个理念，使中关村国际化的发展历程厚积薄发。"引进来，打出去"，这是当时园区第一任主任胡昭广为试验区所描绘的图景，让试验区了解世界，让世界了解试验区。二是，坚持园区与企业建立的鱼水关系，这是园区发展过程当中一条不变的原则。三是，坚持先国内后国外，边国内边国外的策略。四是，坚持树立中关村品牌意识，走出中关村式国际合作之路。

20 年前中关村的企业只有 140 家，现在已经增加到了 16000 家，销售收入 1987 年年底只有 10 亿元，现在仅海淀园一家就已经达 4000 亿元，另外，在 2006 年底海淀园境外上市企业已经达到 27 家，像联想、方正、华旗、用友等一大批的知名企业都在这里成长。同时也吸引了微软、谷歌、法国电信等一大批的跨国公司的研发中心设立在海淀，海淀园确确实实呈现出了多层级的国际化发展态势，园区的服务和管理必须建立一套多层级的服务体系，才能够完成服务转型和升级。

2. 海淀园国际处以及 iBridge 发展因素

我们把目光转向组织内部，内部的无形核心资源会对组织绩效产生重要的影响，对于公共部门而言也是如此。不管营利组织还是非营利组织，不管公共还有私有部门，组织总是一个复杂的社会团体，是作为一个由各种核心元素（如资源、行为、政策等）构成的系统而存在的，这些元素相互补充并加强和维持组织的竞争优势。我们的调研发现，iBridge 平台的建设取得了极大的成功，其实际效果很明显，很容易看到。我们通过深度访谈试图明确在极大绩效背后导致成功的因素，并逐渐把这些因素进行分类、逐一总结，以使得这种成功的经验能够在国内的其他地方进行推广。根据这些经验和因素的特征，讨论推广其成功经验的可能性。

组织是一个精心设置的、独立的系统，但又和其他部门相互联系并发生工作关系。资源、行为、流程、政策都是一个组织最基本的元素。当然也有观点认为，组织仅仅是由资源、能力和竞争力三个要素构成。在此项目中，我们试图明确那些独特的、不能完全模仿的、不可转移的、能够提高组织生产率的要素，这些要素独立存在或者通过互动的流程而相互影响并发生作用。

我们试图采用现有的理论框架总结海淀园在国际化过程中一些成功的因素，主要参照以下理论的贡献。

第一，无形资产（Intangible Capital）在组织发展中的贡献理论：世界银行在其研究报告中指出：在世界各国的 GDP 中，有形资产的贡献只有 20%（发达国家）~40%（发展中国家），其余是无形资产的贡献，而科技水平越高无形资产的贡献越高。我们认为国际合作处的探索和实践是为了提高海淀科技园的无形资产的努力并将为园区的二次创业贡献无形资产资源。

第二，社会资本理论（Social Capital）：社会资本理论提出了社会资本的形式类型（例如层级关系等）给组织带来利益和风险，我们将利用这一理论研究海淀科技园国际合作处如何充分提升其本身和园区的社会资本并使社会资本的利益避免可能的风险。

第三，社会网络理论（Social Network）：我们将研究 iBridge 如何促进海淀科技园政府、企业、机构、客户、国际合作者之间的网络关系，研究该网络的广度、密度、网络关系的深度，研究 iBridge 的实际效用。

第四，公共部门创新（Innovation of Public Sector）：海淀科技园国际处在一个制度转轨与快速发展的政治经济环境中，不断探索其定位与价值，是公共部门创新的成功案例。

（1）外部环境因素。在分析了海淀园国际处的二次创业过程以后，我们从中归纳出一些重要的成功要素。不同的组织所取得的绩效是不同的，另外一些组织元素会影响或者形成组织的独特属性，并对其产生影响，进而影响组织所处的外部环境。我们认为，外部政策环境的变化、组织所觉察到的环境不确定性、组织本身的属性以及组织所在的地理位置，这些元素对于国际处这个政府管理部门或者公共服务部门的组织创新或者转型的过程中，就外部环境而言，具有重要的影响作用。外部政策环境的变化，包括全球经济发展、国家政策、北京市政策、海淀区乃至中关村政策环境的变化，极大地影响了海淀园国际处这一公共政府部门的组织行为。

组织的领导者或者负责人能够依据组织的能力和优点或者缺点，来决定并指导组织的未来工作内容。中关村海淀园管委会在过去的 20 年里，经历了诸多挑战。在这 20 年里，随着国家改革开放政策的深入，各种政策和管制要求不断地变化，科技园区的面积不断地增长，企业数量不断地增加。管委会的工作内容不断地增加和变化，企业对于管委会的要求逐渐增强，企业要求科技园区处于良好的管理状态之下，而不是刚开始"骗子一条街"的状态。企业要求管委会的管理更加透明和负责，从而吸引更多的业务和投资机会。这 20 年里，从中关村海淀园所取得的成就看，管委会确实做到了这一点。但是，当前随着全球经济的发展，外部环境对于企业和管理委员会又有了新的更高的要求，即"走出去"的全球化战略。在这一战略要求下，管委会需要为企业、为园区做出更多的努力和工作。

对于海淀园国际处而言，随着国家对于出入境管理制度的放松，原来的护照办理业务越来越少，企业和个人都不再通过外事渠道办理出国手续。作为管委会的一个重要部门，国际处的作用逐渐边缘化。同样这种现象还存在于管委会的其他部门，例如土地审批和基础建设部门，随着中关村科技园区的基本雏形已经形成，基础建设已经达到一个饱和状态，这些部门的作用已经没有建园之初那样显著和重要。环境的不确定性给部门带来危机，明显地，当前的环境不确定因素会严重影响国际处的绩效和作用，并影响其在管委会各部门中的地位。

在不确定的环境中，组织可能会经历一些困难，并需要时间去明确其未来的方向。在访谈中我们了解到，海淀园国际处大致经历了一个困难时期的内容，并试图描述其面临的环境不确定性。首先，作为管委会的一个重要部门，其必须改变工作方法和工作内容，增加新的服务对象，以跟上其他部门的步伐；其次，国际处必须考虑并预测其他部门的反映。

对于组织属性而言，海淀园国际处是一个政府部门，隶属于中关村海淀园管委会。海淀园之所以取得显著的工作成绩肯定与此密切相关。作为政府部门，国际处可以得到广泛的资源、上级领导的支持。另外，中关村海淀园本身就是一个良好的品牌资源，这个品牌本身就意味着"创新"和"高科技"，这使得国际处可以获得科技部门一些创新项目的支持。通常而言，大的政府部门容易过分官僚化，但在中关村海淀园管委会及其国际处却看不到这种现象。他们不断地努力，通过外包其工作内容的方法，并与其他社会部门合作，成功履行了国际处的工作职责，并逐渐扩大其工作范围和内容。

还有一个成功的关键外部因素是中关村海淀园的地理位置。海淀园位于祖国的首都北京，中关村高新技术园区又是全国第一个高新技术园区，海淀区集中了全国最优秀的高校和科研院所，并有最优秀的技术人才储备。这些都是其他各个地方的科技园区所不可比拟的。另外，由于地处北京的缘故，可以直接和各个相关的部委就近发生工作联系，并保持良好的沟通。例如 iBridge 项目获得了科技部"火炬计划"的支持，并计划在全国范围进行推广。优越的地理位置，使得外国同行和相关政府部门在寻求与中国政府或者科技园区进行科技项目合作时，首选便是通过外事部门找到海淀园国际处，并发生工作联系。

通过上面的描述，我们可以看到外部政策环境的变化、组织属性、地理位置等外部条件促使海淀园国际处进行组织转型，并通过变革寻找机会，以实现和保持部门的竞争力。但是在此过程中，部门领导对外部环境不确定性的感知具有最为重要的作用。

（2）内部能力分析。我们把目光转向组织内部，通过深度访谈试图明确在极大绩效背后的成功因素，并逐渐把这些因素进行分类、逐一总结，以使得这种成功的经验能够在国内的其他地方进行推广。根据这些经验和因素的特征，讨论推广其成功经验的可能性。

有形资产（例如设施、设备、原材料等）和无形资产（例如文化、信息、知识等）对于组织创造价值的过程有重要影响。然而随着"工业社会向服务型社会的转变"，即强调知识和信息的社会及时代，无形资产在组织成长过程中的作用越来越大。相对于有形资源而言，无形资源（如组织文化）的获得更加不具备弹性，其难于积累，不容易在组织之间转移，并且对于组织而言，它们既是一种投入，又是一种产出。最重要的是不会产生损耗。组织的最终绩效依赖于其保护和使用组织的无形资源，并创造价值的过程。相对于有形资源，无形资源更能够为组织创造价值，并带来持续的竞争优势。通过这些分析，我们认为组织的无形资源决定了组织的战略方向，我们本次的调研项目主要关注于海淀园7种无形资源及其对于组织绩效的影响：管理者能力、人力资本、组织声望、公共部门创新、组织的社会网络、组织文化和组织学习。

课题组通过访谈海淀园国际处的工作人员，并细致分析了中关村海淀园的发展历史，最终得出这7种无形资源影响了组织最终绩效的元素。首先，我们通过访谈国际处，了解到自海淀园成立以来的历史、重大事件以及重要人物，包括中关村高新技术园区的历任领导以及他们对于园区发展的影响；高新技术园区的重要企业家，以及他们的创业过程和对于中关村园区企业文化的影响；海淀园管委会的机构变革，国际处的工作内容的变迁，以及在此过程中形成的资源积累和文化。通过这些访谈，我们试图来明确这些内容和元素。

1）管理者能力。优秀的管理团队能够为组织带来卓越的绩效，因为管理团队所具有的能力或者技巧属性满足了维持持续竞争优势的条件。管理团队的优秀要求管理者具有广泛的、互补的能力和技巧。一个人无论如何聪明都不可能具备所有的管理能力，而在一个复杂的环境中，组织获得成功的必要条件是必须具备这样的管理能力。

国际处善于学习和提升部门的管理能力。他们利用参加各种会议的机会努力提高自己的管理水平。通过与其他部门或者公司合作的机会，从中大力协调，并有效完成工作（如 iBridge 网站的建设），这些过程都体现了部门管理者的管理能力。组织需要不同管理能力的结合，例如技术、人力资源等能力，通过访谈，我们认为国际处的管理能力体现在以下几个方面：①经过良好训练、经验丰富的、胜任的领导者；②可以对组织的一般绩效进行全面的掌控；③能够觉察出新的组织机会和潜在的威胁；④在组织成员中建立一个统一的目标，带领大家朝着此目标努力工作；⑤协调有冲突的意见，在关键的组织部门之间加强有效的协调工作，激励部门成员获得更好的组织绩效；⑥在组织范围内开发有效的战略规划系统，并对于组织的发展做出全面的规划和定位；⑦提前对部门员工进行培训和培养；⑧增加目标管理；⑨增强部门的创新精神和增加群体决策的意识。

2）人力资本。一般认为，组织成员才是组织持续竞争优势的真正来源。加强组织成员的人力资本投资，才能获得优越的组织绩效。组织理论研究发现，人力资源因素对于组织效率和效果的作用体现为部门成员的教育水平，人力资源作为一种劳动力资源能够提升国家和组织的经济增长水平。

现在的海淀园管委会领导干部，基本上都是通过公开竞争招聘到岗。从上到下的领导都具有一种开放的意识，能够敏锐捕捉环境中出现的机会，并懂得适当地放权，以使下属员工能够施展自己的才能。调研发现，iBridge 的启动阶段得到了上级领导的支持，使得国际处的人员能够灵活自主地进行网站和平台的建设，从而完全体现和实现最初的设想。国际处具有一种开拓精神，能够不断扩大自己的工作，获得更多的社会资源。

正是在 20 多年的园区发展过程中，不断加强对于从上到下各个岗位工作人员的人力资本投资，海淀园的员工才能具有创新和创业精神，在每个时期以及每一个工作岗位获得突出的成绩。国际处和 iBridge 更是海淀园的代表。

在访谈中我们总结了海淀园的人力资本的特点如下：①各个员工都受到良好的教育，以履行其职责；②员工得到良好的培训；③员工具有合适的经验以成功地完成工作；④一旦员工明确了事情的原因，便能够主动寻找方法，各种问题容易得到解决；⑤即使员工不知道为什么，但是他们能够按照上级领导的意图办事；⑥员工对于工作内容感到十分熟悉，并能够顺利完成；⑦员工热衷于学习，并参加各种培训和会议。

3）组织声望。当竞争对手不能具有相同水平的声誉和威望时，一个有利的组织声望是创造竞争优势的核心无形资产。企业都习惯于选择"管理部门的声望能够和他们本身期望相匹配"的地点展开业务，并愿意为此支付溢价。组织声望是指外部人对于组织的看法，这种声誉会为组织带来长久的竞争优势。

海淀园经过 20 多年的发展，在最初的几年里便摆脱了"骗子一条街"的帽子和恶名，这与管理者的工作是分不开的。在此后的发展过程中，海淀园逐渐建立并保持了一个良好的社会声誉，而后来的领导者也十分珍惜和保持这种声誉。正是这种已经扎根到管委会每一个员工和每一个企业的园区文化，才能够持续保有这样一种声誉。

海淀园国际处在护照办理业务的过程中，利用中关村海淀园良好的园区声誉，也为自己拓展了外联的渠道，并逐渐建立起良好的社会关系，在国外同行和园区企业内部树立了自己的声誉。

正是这种无论是园区整体，还是部门或者个人在社会上良好的声誉，才使得中关村海淀园获得各种政府部门或者社会的认可，进而获得各种政府和社会资源。通过访谈，我们总结了海淀园良好社会声望的各个内容：①管委会的管理效率有着非常高的社会声望；②管委会在吸引、开发和保留人才方面的能力有着非常高的社会声望；③管委会的服务质量有着非常高的社会声望；④园区内拥有良好的教育系统；⑤园区内有着良好的基础设施；⑥园区内有着良好的税收体制；⑦园区内有着良好的公共交通系统；⑧园区内的生活质量非常高。

4）组织文化和组织氛围。组织文化是指组织成员的共有价值观、信念、行为准则及具有相应特色的行为方式、物质表现的总称。组织文化使组织独具特色，区别于其他组织。组织文化有利于提高部门工作效率，无论对于公共部门组织还是商业组织，组织文化都是提高部门绩效的一个重要源泉和力量。通过调研，我们发现在海淀园部门内部：①员工能够涉入组织流程、决策和执行过程；②员工对于组织具有高度的承诺感，并具有高度的责任感；③所有的员工具有共同的价值观和理念；④员工能够自我协调并达成一致；⑤组织了解外部环境变化，并及时给出适当的反应；⑥组织能够适当调整其功能，并适应外部环境；⑦组织的目标十分清楚，每个成员都认同此目标；⑧组织为了此目标努力工作。

在某个环境中工作时的感受，即"工作地点的氛围"，是影响个人及团队行为方式的标准、价值观、期望、政策和过程的混合体。一个积极的组织气氛会对组织产生诸多正面的影响，比如使员工感觉到他们在工作中受到了充分的鼓励和支持，继而去寻求创造性的方法以解决工作中所遇到的问题。组织气氛主要包括以下几个方面：①灵活性，不必要的条条框框对工作的制约程度，新想法、新观念被接受的程度；②责任性，企业各层级的授权程度，员工对工作结果的负责程度；③工作标准，员工被要求改进的程度，所制定的目标的挑战程度；对低绩效的容忍程度；④激励性，出色的绩效得到承认和激励的程度；⑤明确性，了解自己的工作职责及其与组织目标之间的关系的清晰程度；⑥团队承诺，团队自豪感程度，员工付出额外努力的意愿，相信他人会共赴目标的程度。

通过调研我们发现，在海淀园的部门中存在良好的组织氛围，例如以下几点：①部门领导和员工的完全信任；②部门领导和员工都满足于目前的这种上下属关系；③每一个工作人员都对于目前的园区管理政策表示清楚的理解和接受；④部门领导和员工之间能够经常性地交流和沟通；⑤部门领导和员工之间存在相互尊敬和良好的意愿；⑥部门领导和员工都关心和尊重各自未来的发展；⑦员工的工作努力和贡献能够得到承认，并得到公平的对待；⑧员工能够独立地完成工作并取得成绩；⑨在决策过程中员工的意见也能够得到重视和采纳。

国际处有一个良好的团队，反映了整个海淀园的人员素质水平。人员能够求同存异，考虑和争论不同的角度和观点，最后能够达成一致的意见，保持一个集体的荣誉感。在事情的过程中，始终能够保持信任和支持。例如争取小企业资金管理并能够和 iBridge 平台形成协同效应。

在国际处内部形成一个良好的工作气氛，国际交流部员工能够协调各自的工作内容，并形成相互补充，相互理解，配合无间。部门的员工也能够珍惜目前的工作气氛和环境。对于一个项目而言，优秀的团队是一个重要的前提条件。iBridge 是一个不断整合各种理念和创造的过程。

国际合作处人员编制有限，但是能够通过"外包"的形式把工作任务及时完成。"外包形式"一开始并没有得到领导的认可，认为每年海淀园上千万元的外包费用，换来的只是各种所谓专家的意见和观点，并没有落实和实施。但是国际处能够有效和外包方保持接触及沟通，并及时调整课题的研究方向，而不是课题完成之后便束之高阁。

5）创业精神和公共部门创新。创业精神（Entrepreneurship）从本质上说是在动态变化的环境下识别和抓住机会，并加以有效利用的能力。在企业界的研究中，越来越多的学者发现，在创业精神较为活跃的地区，往往经济发展水平也较高，即"创业精神是经济增长的发动机"。我国处于动态变化的转型经济环境，创业成功与否，取决于创业者构建其人际网络或社会网络的能力，取决于他所获取的人力资源——知识、技术、才能、努力、声誉和社会网络。

创业精神的相关研究认为：首先，从事创业活动的前提是存在创业机会，机会的出现源自于技术、市场和政策的变化，因此制度的干涉会改变行业结构，创造机会；其次，机会的发现取决于人们寻求和识别机会的愿望及能力的差异，因此优秀的信息处理能力、寻求技术、审视行为使得一些人更有能力和愿望去发现机会；最后，创业者的社会关系网络有利于机会的发现、创业愿望的激发。

创业机会并不是本人的意愿和劳动技能所能决定的，国家的经济发展策略和经济体制选择，外生地决定着机会空间的容量。中国转型期的创业机会主要源于制度的变化，其对创业精神的影响主要体现在以下方面：中国在改革过程中，变化的经济制度以高的交易成本促进了创业精神创业成功，同时对市场机会的认知和判断，通过社会关系而进行的知识、信息以及其他资源积累产生了新的"生产性机会"，并且构成了新事业开发与成长中的驱动力。

企业家社会关系网络是其创业机会的主要来源，社会交往中发现的问题是创业机会的主要来源。50%的创业者通过其社会关系网络发现了创业机会。创业者原先的个人关系、工作背景等提供了其接触创业机会，人们倾向于进入那些自己比较熟悉的社会关系或与其原来职业相关的行业。在存在很大制度空隙的转型期背景下，个人社会关系网络对创业进入行业的选择具有关键性作用，且创业者是否开发所发现的创业机会受其所感受到的来自相关关系网络支持程度大小的影响，因为个人社会网络能够增强创业者抗击创业风险的信心与能力。

　　企业家作为社会人，其行为往往受到社会、文化、政治、经济等众多因素的影响，前人的研究表明，影响企业家动机的因素包括经济收入、个人特性、个人环境、社会文化、制度规则等。

　　在关系意识非常浓厚的中国，除了宏观环境政策，企业家所处的小环境，即企业家的网络关系，则可能是激发创业动机的主要因素。网络联系和关系作为关键的增值资源，会导致更好的企业绩效。转型期中国的现实是，企业家通过社会网络中与当地政府官员的关系，（如亲戚、同学、朋友等），利用社会网络筹集资金，可以通过当地政府官员的私人关系为其担保或向银行贷款，也可以通过亲戚朋友等个人网络借钱或合伙经营。成功一方面得益于对市场机会的把握，另一方面则是善于将关系，特别是与原体制的关系转换为经济资本。也就是说，对于具有丰富的网络关系的企业家更具有动机去进行创业活动。当创业过程中出现暂时困难与失败时，创业者个人关系网络特别是其家人等能为其提供克服困难与失败的情感支持。

　　iBridge 的推广过程是一个艰难的过程，但当其前景获得认同时，这些冷落、攻击和不理解也使得国际处不断反思自己的模式，并不断调整和完善 iBridge 的网络平台模式。这一过程体现出政府部门工作人员的创业精神。

　　iBridge 项目的推进和实施过程也存在诸多的困难。2004 年开始实施可行性报告，2005 年结题并得到科技部的认可，于是向北京市科委申请科技成果奖。在评价会议上，iBridge 并没有得到专家们的认可。当时做完 15 分钟的陈述之后，得到的反馈是大家并没有能够理解这个平台的功能和理念。平台创新点遭到与会专家的否认，他们认为网络本来就是互通的，不是因为 iBridge 才创造了互通互联的状态，iBridge 自豪的创新点全部得到专家的否定。看着自己的努力但研究成果并没有得到大家的认同，海淀园国际处的员工也只能接受专家的评价，但是从内心也在开始努力纠正这种偏见，并相信"真金不怕火炼"，

iBridge 的推广之路注定是一个漫长的等待过程，但是他们确信 iBridge 的理念和方向是正确的，是符合国家战略和政策的。

随着课题的纵深发展，慢慢关于 iBridge 平台的质疑不攻自破。一个模式的推广始终都是经验和竞争力的积累，iBridge 凭借其独特的理念获得认同。Web 2.0 并不单是一种工具，而是一种资源整合的理念。如果没有在这个层次理解 Web 2.0，则根本就没有理解它的根本要旨，而 iBridge 平台恰恰是在这个方面的贡献。例如国际处的一些成功的案例都是在平台没有的情况下做成的，比如与葡萄牙政府的签约、资金管理办法、《直通中国》节目的拍摄，如果没有 iBridge 平台，这些工作也一样要进行。iBridge 平台的存在只是把这些理念和资源固化，政府公共部门的创新也需要政府选择最有效的工具，iBridge 和 Web 2.0 是一个比较创新的概念和工具。如果不采用这些方法，服务群体就不可能接受这些政府服务，方法和工具必须与服务对象相匹配。这些都可以归纳为公共部门中的企业家创业精神。

6）社会网络和社会资本。社会网络是指部门的管理者以及员工和其他社会部门的联系。有着良好社会网络的组织能够获得高绩效。

社会资本根植于各类关系之中，存在许多不同的属性。组织学习主要由社会资本的结构（即组织内外个体间的联系方式）决定，因为社会资本的结构直接影响员工识别和接触组织内外其他群体异质性知识的机会。社会资本的结构对组织学习的影响表现为网络关系的强弱不同，组织学习方式导向也不一样。有学者提出了弱关系的优势，他从联系的紧密性和交往的频繁度出发，将关系强度区分为强关系和弱关系。强关系来自于相互间长时间、频繁的交往，比如图 12-5 中行动者 A 和 B 与各自网络中其他行动者间的联系就属于此；而弱关系则不然，交往的时间和次数要少，形式上可能表现为朋友的朋友、社会公共渠道或者正式组织中的联系等，比如 A 和 B 间的关系。关系的强弱影响到知识和资源交流的范围及质量。强关系的社会资本往往为组织内部缜密性、深层次知识的交流与分享创造了较好的机制和平台，有助于组织的利用式学习。因为在强关系网络中，个体之间的接触非常频繁，他们不仅有足够的机会和时间交流，从对方身上挖掘更全面更深层的知识，而且对信息传递的速度也非常快，为利用式学习创造了很好的条件。比如丰田公司（Toyota）通过与供应商之间建立强关系、高密度的知识交流与共享网络，形成了制度性惯例并赢得了市场竞争优势。

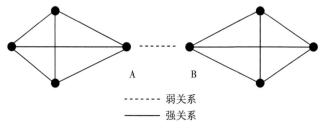

图 12-5　社会关系网络中强弱关系示意图

　　个体间的关系是通过相互间的社会交往过程建立和加强的，情感的质量对关系群体中知识的共享与交流有着长期的影响。如果有联系的双方并不相互信任，也不愿意共享知识，那么即使接触再频繁，他们之间关系的潜在价值也很难实现。信任是组织学习能力的重要方面，往往被看成是行为过程中的可靠性预期。对于行为个体间的信任有两种：一般性信任（Generalized Trust）和弹性双边信任（Resilient Dyadic Trust）。一般性信任是指两个个体并非因直接相识便产生信任，而是因为社会一般性的行为规范而产生的信任。弹性双边信任是指建立在彼此直接认识基础上的相互信任，相互依赖的各方需要相互合作形成统一整体来共享和交流。

　　相比较而言，弹性双边信任是建立在个体间直接交流基础上的，无须努力去建立某种特定关系而维持，也没有第三方干预双方自愿性的交往，因而更利于新鲜知识的交流与共享。双边信任的优势还体现在动态的交流环境中，行为个体可以灵活适应调整他们间的关系，加强相互间的联系与交流。但是由于双边信任关系易受个体和外界不确定因素的影响，容易产生变化，因而使知识共享的持续性受到一定的限制。

社会资本的认知因素是组织知识整合和学习的内在基础，包括嵌入网络中的历史传统、价值理念、行为规范、认知模式和行为范式等。在信息、知识等资源的交换和组合过程中，网络成员要想获得成功就必须处于相似的认知背景之下，如共同的语言和共同理解的表达方式。人们在某种程度上拥有共同的语言会提高他们接近他人并获取信息的能力。如果他们的语言和法则不同，容易造成他们之间的分离并限制了他们之间的交流。如果没有一些共同的认知参考框架，个体间就不能很好地认识、理解和交流一些特有的知识。因此，个体之间已有的共同的知识背景是推进组织学习的关键。

对于公共部门组织而言，社会资本和社会网络所产生的绩效水平是一样的。国际处正是通过护照办理这个业务载体建立其社会网络。当护照办理业务逐渐萎缩以后，在中关村海淀园这个主体强大的声望水平的支持下，通过参加各种会议、参加各种培训等方式逐渐建立组织的社会网络，并利用社会网络所带来的资源，提高部门的综合绩效。

对于 iBridge 平台而言，"共同语言"成为各个会员和国际处能够在一个平台共同学习的基础。在访谈过程中，我们也发现国际处很重视"共同语言"的价值，经常提到：如果没有共同语言，人家就不关心你的存在！所以，对于国际处和 iBridge 平台而言，最为重要的是不断激发和发现其所拥有的社会网络资源及企业之间能够产生互动和共鸣的"共同语言"。

7）无形资产元素间的相互作用。正是以上这些资源和能力的相互作用和相互加强，才能使得组织取得良好的绩效水平。在战略文献中，我们称此为战略匹配。不像某一种特有的个人资源，这些元素之间所形成的网络关系成为海淀园最为不可模仿的一个主要资源，其对于组织绩效产生贡献并加强了组织绩效。一般认为有三种匹配形式：①行为和整体战略的简单一致性；②行为之间的相互加强；③行为之间相互作用而获得优化。这些属性互补的无形资产之间相互作用，从而增加了某一个元素单独存在的价值。

通过组织学习实现了以上各个元素或者资源的融合，并得以相互加强。组织学习的概念从个体学习借鉴引申而来，是指由多人组成的企业组织在宏观上所表现出的一个整体性的学习行为。一般认为，组织学习是指学习过程和手段在个人、群体及组织层次有目的地运用。当新的认知成果和思维方式被组织内全体成员所共享，并被组织文化所吸收以及组织系统发展过程得到巩固和发挥时，学习就变成了组织学习。因此，组织学习体现为组织中个人和群体在知识、信念、方法和思想认识等方面在组织边界内外的交流及融合。但是，组织知识的获取、消化和吸收过程并不是一个简单的认知过程，而是一个复杂的社会化过程。分布于组织边界内外有价值知识的获取、转移和整合过程往往是在雇员特定社会交往的背景下实现的。组织学习离不开组织关系网络，并与体现这一网络价值的组织社会资本息息相关。

只有认识和分析社会资本对组织的知识创造与学习方式的内在影响，才能真正解释组织价值创造的路径和机制。组织社会资本是组织非常重要的战略性资源，它和其他战略性资源一样可以为组织创造经济租金。社会资本对组织学习的作用直观上体现在两个方面：一是通过发展与外部其他组织的关系网络，组织可以获取未来发展的关键性知识资源，社会资本具有"纽带"作用；二是通过建立组织内部的信任与规范，使内部雇员间相互学习、共同协作完成组织目标，社会资本具有"黏合剂"作用。

三、国际处以及 iBridge 平台的未来发展讨论

（一）相关理论发展

通过疏理海淀园、国际处和 iBridge 的历史，并结合政策环境的变化，我们试图采用社会网络理论中"结构洞"的概念，理解未来海淀园以及国际处的发展方向。在未来的部门发展过程中，国际处必须不断发现社会网络关系中存在的"结构洞"，并利用自身的优势和资源，或者努力拓展自身的优势和资源，以弥补社会网络关系中的缺陷和"结构洞"，并在这个过程中不断建立自身的竞争优势。

社会网研究的基本概念是社会网的结构、社会网的连接和社会网的功能。网络分析者将社会系统视为一种依赖性的联系网络，社会成员按照联系点有差别地占有稀缺资源和结构性地分配这些资源。网络分析的一个独特特征是强调按照行为的结构性限制而不是行动者的内在驱力来解释行为。社会网络分析强调资源调用的动态过程，超越了孤立的位置分析，转向讨论位置上的社会关系和社会距离。在网络分析里，有了行动者的重要性，地位结构观被较为灵活的网络结构观所代替，行动者之间纽带或关系的紧密程度（强、弱联系）、具体内容（包括信息、建议或友谊、共同利益或成员资格以及信任）和结构特征等问题都是网络理论的研究重点。

（二）产业集群中的公共关系与"结构洞"

随着技术创新、组织变革和国际化以及全球化竞争的加剧，全球经济和市场变得更为复杂、动荡和不可预测，从而导致经济更加不稳

定。在这种状况下，企业开始求助于第三方中介组织，以帮助他们提供市场的最新信息。iBridge 作为一个企业和国际之间的中介平台，在未来其作用会越来越重要。本课题尝试利用"结构洞"理论来解释中介组织存在的意义——降低交易成本、构建社会网络以及管理风险等，从理论层面上进行深入探索和验证。

1. "结构洞"理论对中介组织存在的解释

用"结构洞"理论来解释有关中介组织存在的价值如图 12-6 所示，4 个行动者 A、B、C、D 所形成人际网络。相对于其他 3 个行动者，行动者 A 明显具有竞争优势，他处于中心位置，最有可能接近网络中的所有资源，另外 3 个行动者则必须通过他才能与对方发生联系。右图实际是一个封闭的网络，网络中每个个体所获得的信息基本上是对等的、重复的，故不存在"结构洞"。事实上，结构洞是个人人际网络中普遍存在的现象。在这样的网络中，占据中心位置的个体可以获得更多、更新的非重复信息，并且具有保持信息和控制信息两大优势。

对市场经济中的竞争行为而言，竞争优势不仅是资源优势，更重要的是关系优势，即具有"结构洞"多的竞争者，其关系优势越大，获得较大利益回报的机会越多。任何个人或组织，要想在竞争中获得、保持和发展优势，必须与相互无联系的个人和团体建立广泛的联系，以获得信息和控制优势。中介组织存在的重要价值主要是因为它占有了大量人际网络中的"结构洞"。例如对于招聘网站来说，求职者通过网络招聘可以获得更多有关职位的信息，从而弥补了自身的"结构洞"不足的状况。中介组织的网络招聘体现了整个社会对于网络资源的有效利用，也是信息网络服务能力提高的重要体现。

2. iBridge 平台："结构洞"视角

在科技部"火炬中心"、海淀区委区政府以及中关村科技园区海淀管委会的支持和领导下，海淀园国际合作处具体承担了研究任务，以"在新形势下如何搭建国际合作交流新平台"为切入点，探索新型科技

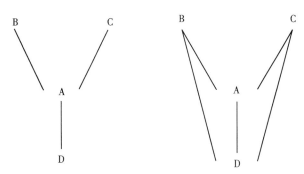

图 12-6　中介平台或者组织所占据的结构

园区服务模式。在此基础上，iBridge 网络工作平台作为 iBridge 的重要内容之一，在经过了缜密思考、聘请了专业咨询公司和专业技术公司的基础上，完成了可行性研究报告。现在展现在大家面前的，就是在这个基础上开发建设起来的全新服务平台。

（1）iBridge 具有三大功能：

会务展会：发布会务信息、检索国内外行业展会，掌握最新会务动态。

会员博客：发表文章，展示您的产品、检索需求信息，随时随地交流、沟通。

会员社区：组建专业的社区交流后洞，随时保持自己在业界的领先地位。

（2）面向四种会员：政府、企业、机构、专家个体。

（3）五大板块：会员服务、会务展会、博客、社区、后台管理。

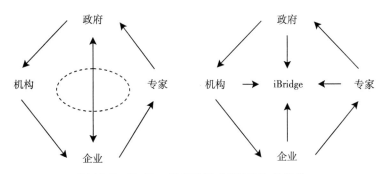

图 12-7　iBridge 平台对于"结构洞"的弥补

iBridge（Information Bridge），顾名思义，是"信息之桥"。iBridge
以搭建国际合作交流平台为切入点，进一步探索科技园网络化新型模
式。在 2005 年中关村科技园区海淀园管委会完成的科技部"科技型企
业走出去一站式服务"的课题报告中，国际化是中国高新技术产业发
展的必然趋势，网络技术为信息在全世界广泛而快速传播提供了坚实
基础，搭建一个为高新技术企业"走出去"服务的网络信息工作平台
（iBridge）已势在必行，中关村科技园区海淀园作为中国第一家国家级
高新区承担研究 iBridge 服务模式责无旁贷。

iBridge 融合了目前流行的网络技术（Web 2.0、XML、RSS）、交
流方式以及创新性的工作方法，借助先进的网络开发工具，将技术与
实地业务有机地整合，它借助先进的信息技术手段，以会员参与为服
务半径，力图成为在信息高度发达的社会环境中进行信息沟通的交流
平台，从而搭建一个致力于"联网、联心、联世界；通路、通智、通
四方"，并为高新技术企业实施"走出去"战略而服务的工作载体。

3. 平台有效性的体现

通过企业访谈，我们试图评价 iBridge 平台的有效性程序和模型，
并总结出以下内容，见表 12-1。

表 12-1　iBridge 平台有效性评价

覆盖面
个人用户与企业用户的数量
企业用户中知名企业的数目
覆盖的地区范围
信息
所提供信息的真实性
所提供信息的全面性
信息更新的速度
企业发布的信息的真实性
企业发布的信息的可靠性
是否能够在国内和国际达成匹配
针对企业绩效
试图通过此平台进行国际化接洽的企业比例

外方通过平台接触国内政府机关的影响
外方通过平台接触国内企业的影响
成功的企业案例
对于时间缩短的评价
针对政府组织绩效
协会性质组织的成功接洽
政府性质组织的成功接洽
成本
企业用户的成本
个人用户的成本
管理机构的成本
社会影响
政府机关满意度
企业满意度
外国机构对此评价

作为实施"走出去"战略的中介平台，虽然 iBridge 平台还处于一个试验和摸索的阶段，但我们依旧可以看到通过实施此平台建设和运营而取得的巨大成绩。这种模式值得在全国科技园区大力推广，科技部"火炬计划"之所以选择此平台作为试验点，也是考虑到这种模式会对全国科技园区的国际化道路起到重大影响和作用。iBridge 平台弥补了"结构洞"的盲区和缺陷，我们分析其作用主要体现在：

第一，更高的联系比率、更低的成本、更大量的信息内容将降低中外企业或者组织寻求国际化机会和伙伴的成本。

第二，提高国内外企业和组织匹配的质量。由于搜索成本的降低，中外组织可以有目的地获得大量相关企业的信息，从中选择最有利于自身发展的机会和合作伙伴。因此双方的匹配质量——即企业可以容忍的最低合作生产率得到提高。另外，在每一个匹配达成之前，企业能够获得关于对方信息的数量和质量都有极大的改善。

中介组织的平台未来还有很多值得研究的问题，例如如何优化企业之间的匹配？如何提高网络的有效性？政府如何应对网络平台的快速发展？如何规范、促进该模式的健康发展等。科技园区网络平台能力的提升关系到国家未来的发展与繁荣，为了促进网络平台的发展与提升，研究者与政府应该承担起相应的责任，行使其使命来帮助降低企业的搜寻成本，促进知识、人才的合理流动与有效配置。

在为期一年的调研过程中，我们以往的研究，总结以 iBridge 为代表的网络平台具有以下独特的优势：

（1）搜寻成本和对目标筛选成本降低；

（2）匹配准确，降低可能的损失；

（3）时间成本极大地降低；

（4）减少了企业工作量（如寻找和考察），使得企业能够有更多的时间来关注一些战略性的问题；

（5）企业的整体合作水平量得到提高；

（6）便于吸引那些当前没有寻找新伙伴的高素质企业；

（7）企业形象的展示平台。

4. 网络平台中存在的问题

我们也发现了 iBridge 网络平台所具有的某些缺陷，例如：

（1）目标群体比较窄；

（2）缺少适合战略合作的候选企业；

（3）企业的数量多，但质量有时不高。

而海淀园可以利用自身有形和无形资产能力，尽力扩大网络平台的优势，而缩小其劣势。

海淀园是中国最早的高科技园区，园区内聚集了大量优秀的科技企业，这为 iBridge 平台提供了广阔的目标群体，这是其他科技园区所不能比拟的。

大量世界级企业的聚集为国内企业提供了广泛的战略学习和合作机会，同时海淀园有其良好的社会声誉和地处北京市的有利条件。北京市本身就有着优越的各种资源和条件，海淀区聚集了国内最好的大学和科技研究院所，这些都是优秀的人才资源。园区企业在这些资源的支持下，能够吸引大量的战略合作伙伴，并展开战略联系，以获得最后的成长和成功。

iBridge 平台处于这样一个优越的园区环境和地理位置中，成功地避免了一般中介平台网络所面临的问题。

5. 应用"结构洞"理论促进 iBridge 平台的发展

在前文我们了解了"结构洞"理论所表示的社会网络，认为最简单的人际网络至少需要 3 个成员（或组织）构成，我们称之为 A、B、C。如果 B 和 C 之间不存在直接联系，但是它们都与 A 具有直接联系。那么在这个人际网络中，B 与 C 之间就形成了一个"结构洞"。由于 B、C 之间的信息和其他资源的流动都必须通过 A，处于中心位置的 A 与 B、C 相比，就具有明显的竞争优势。在存在"结构洞"的人际网络中，占据中心位置（即"结构洞"位置）的个体或者组织往往可以获得更多的、更新的、更为全面的信息，掌握更多的资源。同时，这些个体和组织往往还能对人际网络中信息和其他资源的流动进行控制。

在日常生活中，不存在"结构洞"的人际网络仅限于某些规模极小的群体。组织所属的人际网络往往都具有一定的规模，在这样的人际网络中，"结构洞"是普遍存在的。对于每一个处于市场经济中的公共或者私有组织来说，要想获得竞争优势，就必须拓展自己所拥有的"结构洞"，以谋求信息优势和控制优势。

（1）基于"结构洞"理论的企业社会网络分析。应用"结构洞"理论进行组织社会网络分析，应该遵循以下三个步骤：首先对网络节点进行分析；其次对网络节点之间的联系进行分析，判断"结构洞"的位置和数量；最后分析"结构洞"类型并提出相应对策。

1）组织人际网络节点分析。人际关系一般可以分为血缘关系（如婚姻、家庭等）、地缘关系（如同乡关系等）和业缘关系（如同事关系、合作关系等）。从企业的层面进行人际网络分析，则本节所提到的人际关系主要是指业缘关系，如图 12-8 所示。

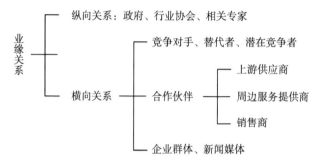

图 12-8　组织业缘关系网络图

　　图 12-8 展示了在一个组织的人际网络中由不同的业缘关系而产生的网络节点。在组织的整个经营活动中，各种资源（尤其是信息资源）在这些不同的节点之间不断流动。组织要有效开展竞争情报工作，获取信息优势和控制优势，就必须了解信息在各个节点之间的流动情况。

　　2）以 iBridge 平台为核心的人际网络信息流分析。信息的流动表明了人际网络中各个节点之间的联系情况。通过分析信息流，可以了解到的情况包括：节点的重要程度，获取节点信息的成本，信息流的方向。综合这些情况，就可以对企业人际网络中的"结构洞"进行判断。图 12-9 为海淀园国际处网络信息流示意图。

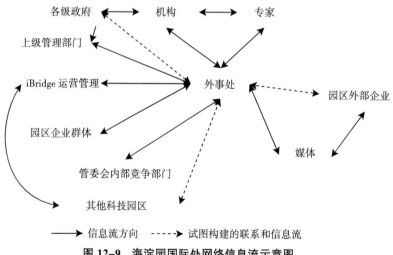

图 12-9　海淀园国际处网络信息流示意图

从图 12-9 中可以看出，假设海淀园国际处以 iBridge 平台为工具，试图把部门在过去 20 年中积累的社会网络关系表面化，对其网络中各节点之间的关系进行分析，集中考察信息流动情况，则图 12-9 中的信息流有：①政府→机构→组织；②上级管理部门→组织，iBridge 平台管理→企业；③企业→国际处→专家；④国际处→iBridge 平台→园区企业。

通过信息流分析，我们发现了 3 个"结构洞"得到弥补。

"结构洞"1：国际处与各级政府之间的"结构洞"，由上级管理部门和机构占据。

"结构洞"2：其他科技园区与海淀园之间的"结构洞"，该"结构洞"位置国际处自己和 iBridge 平台所占据。

"结构洞"3：园区外部企业和园区内部企业之间的"结构洞"，被国际处所占据；通过 iBridge 平台，国际处加强了自己在网络关系中的中介作用，进而加强了部门的竞争地位。

最重要的是，海淀园国际处的存在，消除了政府、机构（包括国内和国外）以及各种专家和服务机构对于企业之间的"结构洞"。这样，通过 iBridge 平台，加强了各个主体之间的联系和获取信息的优势。

（2）促进或优化 iBridge 网络。通过前文介绍，组织对于自身人际网络的情况，尤其是结构洞的位置和类型有了较为全面和清晰的认识，接下来的工作是根据分析结果，着手构建或者优化组织信息网络。具体的实现方法包括：①根据组织人际网络中的"结构洞"数量、位置和类型来决定企业社会网络的布局。在错综复杂的企业社会网络关系中，"结构洞"的数量、位置和类型可以明确地提示组织企业本身的信息优势、劣势、潜在的威胁和潜在的优势。②根据不同"结构洞"的类型，结合组织发展战略，决定资源分配。

"结构洞"理论的出现为企业或者组织构建和优化信息网络提供了明确的理论指导，它将错综复杂的企业社会人际网络关系以及企业竞争优势的获取简化为对"结构洞"的分析、把握和利用，从而扭转了长期以来单纯通过经验判断、感性分析来构建和利用信息网络的局面。但是，如何应用"结构洞"理论为组织构建信息网络提供全面的解决方案，则还需要更加深入的研究。

四、iBridge 成功经验推广的政策建议

对于海淀园国际处而言，希望 iBridge 能够起到整合海淀园及其周边资源、提升政府服务意识的作用。这个作用越来越显现，例如其给予企业的资金支持和政府的公信力（背书的功能）的作用，把企业提高到另一个不同的层面上。海淀园国际处的工作和 iBridge 平台密不可分，通过做完 iBridge 平台之后，全国范围的科技园区支持企业国际化的资金和政策开始纷纷出台，但在其他各个园区开始出台这些政策的时候，海淀园又开始尝试总结出新的模式，例如让高新技术企业把项目在平台上形成互动（Web 2.0 技术），项目的结果可以在平台上共享，对于同样的问题和合作项目，分享成功的经验，所以 iBridge 又成为一个经验平台，而目前其他科技园区还没有这些内容和模式。iBridge 平台号称是全海淀园 18000 家企业的第一桶金，因为在高新区成立的 20 年当中（2006 年之前），没有一个这样的资金支持项目，但不等于这些企业在此方面没有做工作，谁来把这些事情统筹起来，谁就可以获得益处。这其实是一个最贴近企业的基层政府，对于资源的一种整合，发挥政府和企业需求之间的中介和沟通作用。公信力是一个方向，但是并不是完全靠这个单一方面，将政府和机构资源的整合，然后在平台上向企业提供，这是主要的亮点。

作为政府部门的工作平台，iBridge 和 Web 2.0 首先是理念和观念

的创新，是在一定的环境变化和政策背景之下，政府基层部门试图通过先进的观念，整合政府资源，提升政府部门的服务意识。作为技术手段而言，iBridge 也许并不成熟，但毕竟是一个良好的开始。

1. 从海淀园管委会的角度理解

1997 年，马林就任海淀园管委会主任，为园区的留学生创业园、电子政务、网上办公系统、博士后工作站等工作做出了贡献。在国际化转型过程中，马主任强调了网络的作用，并为企业"走出去"战略的实施奠定了基础。每一届园区的领导都为科技园区留下了鲜明的亮点。海淀园的发展也是建立在这些连续性的特点的基础之上，而不是跨越式的发展过程。

iBridge 是海淀园 2004 年承担的科技部"科技型企业'走出去'一站式网络服务试点任务"项目以后，形成的一个以海淀园国际化为基点探索园区新型服务模式的网络工作服务平台。iBridge 是一个致力于以"联网、联心、联世界；通路、通智、通四方"为理念，以海淀园企业国际化需求为基础，为企业、政府、机构、专家等各类会员提供国际合作与交流信息服务的工作载体。

iBridge 不仅提出了平台建设思路，而且付诸实施。网络工作平台建设的创新之处主要在于它成功地引入社区概念，创造了自主客户与专业"科技园区"板块有机结合的做法。它有效地发挥网络平台的作用，找到了与世界园区及其各种资源相结合的好方法。这个选择基本符合政府的需要，代表了企业目前快速发展的需要，也基本符合国际惯例，以下几个成功案例为我们做出了最好的说明。例如与 IEEE 的合作，将 IEEE2008 年在北京乃至中国召开的学术会议、论坛以及 IEEE 在学术上最新的研究动态与信息在 iBridge 平台进行展示、推介；又如前文提到的与葡萄牙仕博创新管理咨询公司（SPI）的合作等。

iBridge 大大提升了海淀园的国际声望和形象，并为海淀园的国际化战略实施带来实质的效果。iBridge 对于海淀园整个园区的竞争力的提升是明显的，也是国内其他 53 个高新技术园区所不能模仿的。

理念和形象作用是 iBridge 的核心价值所在，无论对于整个海淀园还是国际处而言，iBridge 的作用是展现了管委会代表的政府部门的先进服务理念，以及由此平台为整个海淀园管委会所带来的形象的建立和提升。政府整个电子政务系统的运行，有着自己的体系和功能，iBridge 应该与此形成互补关系，而不是冲突和替代关系。iBridge 之于电子政务，有着许多的不同。电子政务是单向的沟通渠道；iBridge 及类似的平台是一个互动的、多层次的沟通平台。在这样一个平台下，聚集着一群精英，相互沟通，必将发挥巨大的效能。

2. 从"火炬中心"的角度理解

2008 年 12 月 8 日，科技部"火炬中心"政策调研与统计处闫耀民副处长在"火炬中心"接受了我们的访谈。

在说明我们的访谈目的后，闫处长根据他所掌握的信息，详细介绍了 iBridge 的建设初衷和建设过程，并就他认为比较理想的 iBridge 模式提出了建议和期望。

海淀园国际处最初为外事服务中心，主要是为对外交流服务的。后来，为了落实科技园的"国际化"，改为国际开发处，服从于"成果商品化，商品产业化，产业国际化"的宗旨。

中共十六大强调中国企业走出去后，科技部在海外建立了 6 个"海外科技园"，实质为办事处，主要任务就是在东道国帮助国内科技企业国际化，获得当地的智力资源。海外科技园建立后，运作十分困难，成果有限。为了发挥海外科技园的作用，实现前店（海外科技园）后厂（国内的支持机构）式的发展，科技部提出在国内建立集成律师事务所、咨询机构等实体中介机构的支持机构。由于各地方政府科技园对让园内的科技企业走出去不是很感兴趣，没有动力，所以这种支持机构也没有建立起来。

iBridge 就是在这种背景下由张处长主导建立的，本是一种响应科技部的行为，但结果与科技部的设想出入较大。一方面，只是建立了一个网络平台，没有实质性的工作机制；另一方面，不是一个单纯的"走出去"平台，而是一个国际化的平台。

iBridge 的现有定位太广，会员以园区企业为主，园区企业碍于面子成了会员，但不经常上网，也不可能到博客中去分享自己的经验。"火炬中心"希望 iBridge 的会员以中介单位为主，成为一个科技中介服务平台。国外有能力的中介机构看不上单独的中小企业，因为为单个的中小企业服务，利润有限，如果通过网络这个共同的平台，这些中介机构就能够为很多中小企业服务，就会有积极性。现有的每年500 万元的经费实际上是用来鼓励中小企业使用中介服务的。如果园内的中小企业通过 iBridge 使用了国外的科技中介，经中介公司推荐，可以向国际开发处申请补助。

即便这样，企业还是感觉不到 iBridge 的用途，因为他们很少有强烈的"走出去"的愿望。中小企业之所以不想走出去，一方面与企业高层的视野有关，另一方面则可能是他们感觉不到"走出去"的必要性。而中小企业对国际化中介的需求是在有了国际化路线以后才会发生。所以源头还是培育企业的国际化视角。

目前，中介申请成为会员是不需要资格审查的，将来应当对中介资质进行审查。将来的中介会员应当包括中介机构、海外科技园、行业技术协会、行业技术促进中心等，围绕技术转移和融资这两个中心。要让 iBridge 成为专业化水平很高的平台，起到信息源的作用。

创新企业存在资产曲线，企业只有在过了盈亏平衡点以后才进入管理阶段，这个时期对中介的需求比较大。而政府作为公共服务机构，应当设法把"死亡谷"缩短，或者帮助创新企业走出"死亡谷"。

对于 iBridge 的未来，闫处长认为，未来 3~5 年 iBridge 不可能成为受园区企业欢迎的网站，关键是要把与网站配合的实际工作落到实处，形成机制。未来的 iBridge 不靠点击率，要靠实效，这种实效只可能来自网络之外的工作。因此，必须有专人负责技术转移板块，还要有专人负责融资板块，还可以与科技园的其他处合作，获得项目信息源而提供给网站会员。

现代社会的趋势是小企业大网络，原因就是市场交易成本下降。很多企业摆到一起不能形成集群，集群必须是在形成网络以后才有优势（服务优势、组织优势等）。政府的作用是通过一定的机制降低网络内的交易成本，这样才能形成高效的、有竞争力的集群。目前，这种因素将成为海淀科技园获得相对其他科技园的竞争优势的一个重要来源。

iBridge 只有在形成上述机制，取得实效后才可能成为样板，并由科技部在全国推广。

3. 从企业用户的角度理解

现在的海淀科技园政府，对于园区内部的企业影响力也很强，同时也特别愿意为企业做事。

课题组就企业的需求等问题访谈了海淀园区内部的多家企业，在综合访谈的内容之后，我们发现，企业不同于政府和其他相关部门，他们对于 iBridge 平台的内容和作用方式存在一定的期望和需求，其中网站的定位和推广是很多企业比较关心的问题。具体的内容整理如下：

（1）平台功能的定位。现在这个阶段，理念认同比点击率重要。网站目前的状态跟 B2B 营销模式非常类似，而这种模式，最为重要的就是理念认同。如果仅仅把 iBridge 看成一个网站用于发布各种信息，则不能体现其全部作用。目前平台的定位首先应该是团结和聚集一批理念相同的中外企业和机构，iBridge 主要起到"搭桥"的作用，乐于帮助沟通和联系，形成一个沟通的机制。这样做，既没有脱离海淀园国际处的本职工作，又能够利用工作过程中积累的资源进一步提升为企业的服务水平，从而提升了整个海淀园的整体水平。国际处毕竟是海淀园的国际处，不能脱离园区而存在，iBridge 如果成为单纯的门户网站，可能被商业化之后有着良好的发展状态，但是割断了海淀园以及国际处的联系，则会成为"无源之水"、"无本之木"。但是就目前的平台状态来说，依旧存在很多不足之处。

在调研过程中，有很多企业认为，关于 iBridge 的定位，应该是一个"精英门户"网站。不过，现在知道的人虽然很多，但核心流量远远不够稳定。这需要一个"敢为天下先"到"敢为天下强"的转变。如果不能形成自己的特色和核心能力，从竞争对手角度，有许多商业性网站，可能对 iBridge 构成替代竞争，但不一定产生直接影响。从政府性网站角度来说，iBridge 做得相当领先。如何实现个性化需求，如何设计有效地信息传递，这是国际处需要考虑的。

开始我们认为，iBridge 非常独特的一点是其政府背书作用，信誉是它的优势。但是在调研过程中发现，除了信誉，企业实力也很重要。海淀科技园的信誉有了很大的发展，以前是电子一条街，接着是"骗子一条街"。现在，虽然又有形成"骗子一条街"的趋势，如何规范企业的经营行为，建立企业的信誉管理体制，对于海淀园和国际处而言依旧是一个挑战。

（2）平台的宣传。iBridge 是一个信息网络，是人脉建设的平台。目前 iBridge 网站虽然建设起来了，但这只是第一步。目前的状态基本是使用频率低，宣传效果不充分。在后期，营销推广是工作重点。现在的 iBridge 特别缺乏推广。首先，要确认谁来使用你的信息平台。如同新浪，他邀请了许多如同徐静蕾这样的名人到他的网站写博客。这是一个相互需求的年代，同样地，信息平台也要根据自己定位来扩充影响力。其次，B2B 网站和 B2C 平台不太一样。所谓的俱乐部模式，就是精英聚集地。这需要 iBridge 做好分类，比如说按照行业划分。另外，也需要有足够的技术支撑。当然，最重要的是，需要发现、吸引和跟精英合作。这需要国际处更加主动，需要能够提供一些不一样的信息，更好地与企业高层进行互动。

作为一个成功的中介平台，需要达到两个方面的标准：

第一，能提供专业服务，这需要有许多相应的专业公司，同时，国际处需要有资源整合的能力。

第二，需要 iBridge 网站提供媒介功能。这需要国际处向新浪等网站学习，通过主动的行为来提升影响力，最后找到自己的模式。相对于连网、连心、连世界，国际处做的工作不够，没把这几个方面真正地连起来。

（3）平台的适度推广。在这个过程中，我们要考虑，为什么科技园内部的企业需要 iBridge 平台，而非其他平台呢？首先，海洋园创业服务中心是世界科技园协会的成员，这一点有优势。能够快速知道其他的园区动态，同样也有着自己的社区圈子。从这个角度出发，可以给园区内企业很多有意义的作用。

其次，是关于对接效率的问题。如果说园区内企业跟目标企业之间沟通会非常费成本，而且沟通效率一般。但是，如果是 HSP 牵头的园区对园区的交流，就能够实现一种交流性价比更高的平台作用。这是 iBridge 可以实现的功能。

当然，怎么引导 iBridge 平台是个问题。

因为许多行业都有着自己的专业网站，为什么一定要用国际处的 iBridge 网站，这需要我们把 iBridge 这个平台跟区域品牌更好地结合在一起。

在考虑了 iBridge 的定位和基本功能之后，我们可以基本明确其能够提供的服务范围，可以说出了"搭桥"，即了解各方的相互信息，还需要配套的服务和资金支持。从推广的角度讲，不仅仅是内部宣讲会那样，还需要一些其他方面的资源投入。国际处不是一个笼统的政府概念，它是一个具体的部门，企业的要求或许在其他部门也可以得到满足，国际处和 iBridge 的工作要和其他部门形成互补，而不是越界和冲突。所以，正是考虑到这一点，我们才认为需要适度地推广 iBridge

平台。iBridge 可以发展成为一个交流和服务平台，需要对有需求的企业进行推广，而不是泛泛的宣传，这样容易使得受众认为其是一个门户和信息网站，这样的结果与我们最初的定位是相互矛盾的。例如，可以从小范围的"会员制"开始，瞄准现有企业需求进行，企业更加关注能够从 iBridge 获得什么，而不是一个平面化的门户网站。

（4）平台的稳妥发展策略。在考虑了以上的内容之后，我们可以得出 iBridge 需要稳妥发展的策略。在海淀园政策的指导下，稳妥的发展策略要求 iBridge 的推广过程是"步步为营"的方式，为企业做事情要求一件件发展，例如我们在前文提到的几个案例；与其他园区、协会、机构的交流也需要一个个进行，而不是急功近利，造就什么"网络神话"和新的商业模式。利用现有的国际化活动和服务资源，通过 iBridge 平台逐步放大这些社会网络和资源的影响广度和深度，使得更多的企业可以利用这些资源，这个过程便需要结合 iBridge 的发展和协调。资源和关系可以慢慢在 iBridge 平台上积累，而不是在部门内部的某些员工手中。所以 iBridge 平台的发展战略要从"人盯人"的模式开始，从而逐步向"口口相传"的状态发展。例如无锡科技园的"530"计划的发展。

（5）初步形成网站的后台处理功能。受于人力和专业的限制，iBridge 目前还不能够作为主动的中心和企业形成互动，并协调、分析企业之间的动向和交流。但是，无论是从现实情况还是国际类似网站的经验来看，都需要有专业人士对网站的交流内容做出分析和反馈，这样才能进一步吸引企业积极参加到网站交流过程中。在下一步的工作中，后台的信息处理工作应有专人负责，轻微协调网站会员之间的关系，而不单单是企业之间的交流。

参 考 文 献

［1］Abernathy W. J. Wayne K. Limits of the Learning Curve［J］. Harvard Business Review, 1974, 52（5）: 109-118.

［2］Adler P. S., Clark K. B. Behind the Learning Curve: A Sketch of the Learning Process［J］. Management Science, 1991, 37（3）: 267-281.

［3］Adner R. and Kapoor R. Value Creation in Innovation Ecosystems: How the Structure of Technological Interdependence Affects Firm Performance in New Technology Generations［J］. Strategic Management Journal, 2010（31）: 306-333.

［4］Adner R. Match your Innovation Strategy to your Innovation Ecosystem［J］. Harvard Business Review, 2006, 84（4）: 98.

［5］Afuah A. How Much do your Coopetitors' Capabilities Matter in the Face of Technological Change?［J］. Strategic Management Journal, 2000, 3（21）: 387-404.

［6］Ahuja G. and Katila R. Where Do Resources Come From? The Role of Idiosyncratic Situations［J］. Strategic Management Journal, 2004（25）: 887-907.

［7］Alberts W. W. The Experience Curve Doctrine Reconsidered［J］.

Journal of Marketing, 1989, 53 (3): 36-49.

[8] Allatta J. T., Singh H. Evolving Communication Patterns in Response to an Acquisition Event [J]. Strategic Management Journal, 2011, 32 (10): 1099-1118.

[9] Amirahmadi H., Saff G. Science Parks: A Critical Assessment [J]. Journal of Planning Literature, 1993, 8 (2): 107-123.

[10] Amit R., Schoemaker P. J. H. Strategic Assets and Organization Rent [J]. Strategic Management Journal, 1993, 14 (1): 33-46.

[11] Balasubramanian N., Lieberman M. B. Industry Learning Environments and the Heterogeneity of Firm Performance[J]. Strategic Management Journal, 2010, 31 (4): 390-412.

[12] Barnett W. P., Greve H.R. and Park D. Y. An Evolutionary Model of Organizational Performance [J]. Strategic Management Journal, Winter Special Issue, 1994 (15): 11-28.

[13] Barney J. Firm Resources and Sustained Competitive Advantage [J]. Journal of Management, 1991, 17 (1): 99-120.

[14] Barney J. B., Arikan A. M. The Resource-based View: Origins and Implications [M]. In the Blackwell Handbook of Strategic Management, Hitt M. A., Freeman R. E., Harrison J. S. (eds) . Blackwell: Oxford, U. K., 2001.

[15] Barney J. B. Strategic Factor Markets: Expectation, Luck, and Business Strategy[J]. Management Science, 1986, 32 (10): 1231-1241.

[16] Basu A., Mazumdar T., Raj S. P. Indirect Network Externality Effects on Product Attributes [J]. Marketing Science, 2003, 22 (2): 209-221.

[17] Baum J. A. C., Haveman H.A. Love The Neighbor? Differentiation and Agglomeration in the Manhattan Hotel Industry, 1898-1990 [J].

Administrative Science Quarterly, 1997 (42): 304-338.

[18] Bengtsson, L. and M. Lowegren. Internationalisation in Science Parks—the Case of Finland and Sweden [C]. Paper Presented at the 2001 Swedish Network for European Studies in Economics and Business Conference in Molle, Sweden, 2001 (5): 14-16.

[19] Bentler P. M. and Bonett D. G. Significance Tests and Goodness of Fit in the Analysis of Covariance Structures [J]. Psychological Bulletin, 1980 (88): 588-606.

[20] Bentler P. M. Comparative Fit Indexes in Structural Models [J]. Psychological Bulletin, 1990 (107): 238-246.

[21] Boudreau K. J. Open Platform Strategies and Innovation: Granting Access vs. Devolving Control [J]. Management Science, 2010, 56 (10): 1849-1872.

[22] Brandenburger A. M. and Stuart H. W. Value-based Business Strategy [J]. Journal of Economics & Management Strategy, 1996 (5): 5-24.

[23] Bresnahan T., Gambardella A., Saxenian A. Old Economy Inputs for 'New Economy' Outcomes: Cluster Formation in the New Silicon Valleys [J]. Industrial and Corporate Change, 2001 (10): 835-860.

[24] Bresnahan T. F. New Modes of Competition: Implications for the Future Structure of the Computer Industry. In Competition, Innovation and the Microsoft Monopoly: Antitrust in the Digital Marketplace [M]. Eisenach JA, Lenard TM (eds). Kluwer: Norwell, MA, 1999.

[25] Burgelman R. Strategic Management of Technology and Innovation [M]. New York: McGraw-Hill, 1996.

[26] Cappelli P., Singh H. Integrating Strategic Human Resources

and Strategic Management. In Research Frontiers in Industrial Relations and Human Resources, Lewin D., Olivia S. [M]. Industrial Relations Research Association: Madison, WI, 1992.

[27] Casson M. Information and Organization: A New Perspective on the Theory of the Enterprise [M]. New York: Oxford University Press, 1997.

[28] Chakravarthy B. S., Doa Y. Strategy Process Research: Focusing on Corporate Self Renewal [J]. Strategic Management Journal, 1992 (13): 5-14.

[29] Christoph et al., A Framework for Analyzing Service Ecosystem Capabilities to Innovate [R]. Proceedings of the 17th European Conference on Information Systems, Verona, Italy June 8th-10th 2009.

[30] Chung W., Kanins A. Agglomeration Effects and Performance: A Test of the Texas Lodging Industry [J]. Strategic Management Journal, 2001 (22): 969-988.

[31] Clements M. T., Ohashi H. Indirect Network Effects and the Product Cycle: Video Games in the U.S., 1994-2002 [J]. Journal of Industrial Economics, 2005, 53 (4): 515-542.

[32] Cohen W. M., Levinthal D.A. Fortune Favors the Prepared Firm [J]. Management Science, 1994 (40): 227-251.

[33] Cohen W. M., Levinthal D. A. Absorptive Capacity: A New Perspective on Learning and Innovation [J]. Administrative Science Quarterly, 1990 (35): 128-152.

[34] Corts K. S., Lederman M. Software Exclusivity and the Scope of Indirect Network Effects in the U.S. Home Video Game Market [J]. International Journal of Industrial Organization, 2009, 27 (2): 121-136.

[35] Cottrell T., Koput K. Software Variety and Hardware Value: A

Case Study of Complementary Network Externalities in the Microcomputer Software Industry [J]. Journal of Engineering and Technology Management, 1998, 15 (4): 309–338.

[36] Daniel E. M. and Wilson H. N. The Role of Dynamic Capabilities in E–business Transformation[J]. European Journal of Information Systems, 2003 (12): 27–38.

[37] Darnall N. and Edwards D. Predicting the Cost of Environmental Management System Adoption: The Role of Capabilities, Resources and Ownership Structure [J]. Strategic Management Journal, 2006, 27 (4): 301–320.

[38] D'Aveni R A., Dagnino G. B., Smith K. G. The Age of Temporary Advantage [J]. Strategic Management Journal, 2010, 31 (13): 1371–1385.

[39] Dierickx I., Cool K. Asset Stock Accumulation and Sustainability of Competitive Advantage [J]. Management Science, 1989 (35): 1504–1514.

[40] Dowell G. S., Shackell M. B., Stuart N. V. Boards, CEOs, and Surviving a Financial Crisis: Evidence from the Internet Shakeout [J]. Strategic Management Journal, 2011, 32 (10): 1025–1045.

[41] Dranove D., Gandal N. The DVD vs. DVIX Standard War: Network Effects and Empirical Evidence of Preannouncement Effects [J]. Journal of Economics & Management Strategy, 2003, 12 (3): 363–386.

[42] Eisenhardt K. M., Martin J. A. Dynamic Capabilities: What are They? [J]. Strategic Management Journal, October –November Special Issue, 2000 (21): 1105–1121.

[43] Eisenmann T., Parker G., and Van Alstyne M. Platform Envelopment [J]. Strategic Management Journal, 2011, 32 (12): 1270–1285.

［44］ Eisenmann T., Parker G., Van Alstyne M. Opening Platforms: How, When and Why? In Platforms, Markets and Innovation. Gawer A (ed) ［M］. Edward Elgar: Cheltenham, UK, 2009.

［45］ Eisenmann T., Parker G., Van Alstyne M. Strategies for Two-sided Markets ［J］. Harvard Business Review, 2006, 84 (10): 92–101.

［46］ Eisenmann T. Managing Networked Businesses: Course Overview for Educators ［M］. Harvard Business School: Boston, MA, 2007.

［47］ Eisenmann T. Managing Proprietary and Shared Platforms ［J］. California Management Review, 2008, 50 (4): 31–53.

［48］ Evans D., Hagiu A., Schmalensee R. Invisible Engines: How Software Platforms Drive Innovation and Transform Industries ［M］. MIT Press: Cambridge, MA, 2006.

［49］ Evans D., Schmalensee R. The Catalyst Code: The Strategies Behind the World's Most Dynamic Companies ［M］. Harvard Business School Press: Boston, MA. 2007.

［50］ Farjoun M. The Independent and Joint Effect of the Skill and Physical Bases of Relatedness in Diversification ［J］. Strategic Management Journal, Volume, 1998, 19 (7): 611–630.

［51］ Farrell J., Saloner G. Standardization, Compatibility, and Innovation ［J］. RAND Journal of Economics, 1985 (16): 70–83.

［52］ Ferguson, Olofsson. Science Parks and the Location of NTBFs-A Survey ［C］. Working Paper, Uppsala: CEF, 1998.

［53］ Fong E. A., Misangyi V. F., Tosi H. L. Jr.. The Effect of CEO pay Deviations on CEO Withdrawal, Firm Size, and Firm Profits ［J］. Strategic Management Journal, 2010, 31 (6): 629–651.

［54］ Freeman J., Carroll G.R., Hannan M.T. The Liabilities of Newness: Age Dependence in Organizational Death Rates ［J］. American

Sociological Review, 1983 (48): 692–710.

[55] Furman J.L. Location and Organizing Strategy: Exploring the Influence of Location on the Organization of Pharmaceutical Research [J]. Advances in Strategic Management, 2003 (20): 49–88.

[56] Gandal N., Kende M., Rob R. The Dynamics of Technological Adoption in Hardware/Software Systems: The Case of Compact Disc Players [J]. RAND Journal of Economics, 2000, 31 (1): 43–61.

[57] Gawer A., Cusumano M. Platform Leadership: How Intel, Microsoft, and Cisco Drive Industry Innovation [M]. Harvard Business School Press: Boston, MA, 2002.

[58] Gerwin D., Kolodny H. Management of Advanced Manufacturing Technology: Strategy, Organization, and Innovation [M]. New York, 1992.

[59] Ghemawat P., Spence A. M. Learning Curve Spillovers and Market Performance [J]. Quarterly Journal of Economics, 1985 (100): 839–852.

[60] Gilbert B.A., Audretsch D. B., McDougall P.P. The Emergence of Entrepreneurship Policy [J]. Small Business Economics, 2004, 22 (3–4): 313–323.

[61] Godfrey P. C., Hill C. W. L. The Problem of Unobservables in Strategic Management Research [J]. Strategic Management Journal, 1995, 16 (7): 519–533.

[62] Gupta S., Jain D. C., Sawhney M. S. Modeling the Evolution of Markets with Indirect Network Externalities: An Application to Digital Television [J]. Marketing Science, 1999, 18 (3): 396–416.

[63] Hall G, Howell S. The Experience Curve from the Economist's Perspective [J]. Strategic Management Journal, 1985, 6 (3): 197–212.

［64］ Hall M., Weiss L. Firm Size and Profitability ［J］. Review of Economics and Statistics, 1967 (49): 319–331.

［65］ Hall R. H. Organizations: Structures, Processes and Outcomes ［M］. Dow Jones–Irwin: Homewood, IL, 1987.

［66］ Hambrick D. C. Environmental Scanning and Organizational Strategy ［J］. Strategic Management Journal, 1982, 3 (2): 159–174.

［67］ M. T., Freeman J. H. The Population Ecology of Organizations ［J］. American Journal of Sociology, 1977 (82): 929–964.

［68］ Harrison B., Kelley M.R., Gant J. Innovative Firm Behavior and Local Milieu: Exploring the Intersection of Agglomeration, Firm Effects, and Technological Change ［J］. Economic Geography, 1996, 72 (3): 233–258.

［69］ Hatch N. W. and Dyer J. H. Human Capital and Learning as a Source of Sustainable Competitive Advantage Human Capital and Learning as a Source of Sustainable Competitive Advantage ［J］. Strategic Management Journal, 2004 (25): 1155–1178.

［70］ Hearn, G., Pace, C. Value–creating Ecologies: Understanding next Generation Business Systems ［J］. Foresight, 2006, 8 (1): 55–65.

［71］ Helfat C. E., Winter S. G., Untangling Dynamic and Operational Capabilities: Strategy for the (N) Ever–Changing World ［J］. Strategic Management Journal, 2011, 32 (11): 1243–1250.

［72］ Helfat C. E. Guest Editor's Introduction to the Special Issue: The Evolution of Firm Capabilities ［J］. Strategic Management Journal, Special Issue, 2000, 21 (10–11): 955–959.

［73］ Henderson R., Clark K. Architectural Innovation: The Recon– figuration of Existing Product Technologies and the Failure of Established Firms ［J］. Administrative Science Quarterly, 1990 (35): 9–30.

[74] Hitt M. A., Bierman L., Shimizu K., Kochhar R. Direct and Moderating Effects of Human Capital on Strategy and Performance in Professional Firms: A Resource-based Perspective [J]. Academy of Management Journal, 2011, 44 (1): 13-28.

[75] Hitt M. A., Irel and R. D., Hoskisson R. E. Strategic Management: Competitiveness and Globalization [M]. South-western College Publishing: Cincinnati, OH, 1999.

[76] Hult T. M., Ketchen D. J., Arrfelt M. Strategic Supply Chain Management: Improving Performance through a Culture of Competitiveness and Knowledge Development [J]. Strategic Management Journal, 2007, 28 (10): 1035-1052.

[77] Huselid M., Jackson S., Schuler R. Technical and Strategic Human Resource Management Effectiveness as Determinants of Firm Performance [J]. Academy of Management Journal, 1997 (40): 171-188.

[78] Iansiti M., Levien R. The Keystone Advantage: What the New Dynamics of Business Ecosystems Mean for Strategy, Innovation, and Sustainability [M]. Harvard Business School Press: Boston, MA., 2004.

[79] Iansiti, M., Richards, G.L., The Information Technology Ecosystem: Structure, Health, and Performance [J]. The Antitrust Bulletin, 2006, 51 (1): 77-109.

[80] Irwin D. A., Klenow P. J. Learning-by-doing Spillovers in the Semiconductor Industry [J]. Journal of Political Economy, 1994, 102 (6): 1200-1227.

[81] Jacobides M. G., Knudsen T., Augier M. Benefiting from Innovation: Value Creation, Value Appropriation and the Role of Industry Architectures [J]. Research Policy, 2006, 35 (8): 1200-1221.

[82] Jan Fagerberg Mowery D. C. and Nelson R. R. The Oxford Hand-

book of Innovation［M］. Oxford：Oxford University Press，2008.

［83］ Jarmin R. S. Learning by Doing and Competition in the Early Rayon Industry［J］. RAND Journal of Economics， 1994，5（3）：441-454.

［84］ Joshi A. M.，Nerkar A. When do Strategic Alliances Inhibit Innovation by Firms？Evidence from Patent Pools in the Global Optical Disc Industry［J］. Strategic Management Journal，2011，32（11）：1139-1160.

［85］ Katz M.，Shapiro C. Network Externalities，Competition，and Compatibility［J］. American Economic Review，1985（75）：424-440.

［86］ Khandwalla P. The Techno-economic Ecology of Corporate Strategy［J］. Journal of Management Studies，1976（13）：62-75.

［87］ King A. W.，Zeithaml C. P. Competencies and Firm Performance：Examining the Causal Ambiguity Paradox ［J］. Strategic Management Journal，2001，22（1）：75-99.

［88］ Klemperer P. Markets with Consumer Switching Costs ［J］. Quarterly Journal of Economics，1987（102）：375-394.

［89］ Koka B. R. and Prescott J. E. Designing Alliance Networks：The Influence of Network Position，Environmental Change and Strategy on Firm Performance［J］. Strategic Management Journal，2008，29（6）：639-661.

［90］ Krugman P. Geography and Trade ［M］. MIT Press：Cambridge，MA，1991.

［91］ Leask G.，Parker D. Strategic Groups，Competitive Groups and Performance within the U.K. Pharmaceutical Industry：Improving our Understanding of the Competitive Process ［J］. Strategic Management Journal，2007，28（7）：723-745.

［92］ Lee C.，Lee K. et al. Internal Capabilities，External Networks， and Performance: A Study on Technology—based Ventures [J]. Strategic Management Journal, 2001, 22 (6-7): 615-640.

[93] Lesgold A. Problem Solving In the Psychology of Human Thought [M]. Cambridge University Press: Cambridge, U.K., 1988.

[94] Li S., Tallman S., MNC Strategies, Exogenous Shocks and Performance Outcomes [J]. Strategic Management Journal, 2011, 32 (10): 1119-1127.

[95] Lieberman M. The Learning Curve, Diffusion, and Competitive Strategy [J]. Strategic Management Journal, 1987, 8 (5): 441-452.

[96] Liebeskind J. P. Knowledge, Strategy, and the Theory of the Firm [J]. Strategic Management Journal, 1996 (17): 93-107.

[97] Liebowitz S. J., Margolis S. E. Network Externality: An Uncommon Tragedy [J]. Journal of Economic Perspectives, 1994, 8 (2): 133-150.

[98] Liebowitz S. J., Margolis S. E. Winners, Losers & Microsoft: Competition and Antitrust in High Technology [M]. The Independent Institute: Oakland, CA, 1999.

[99] Lippman S. A., Rumelt R. P. Uncertain Imitability: An Analysis of Interfirm Differences in Efficiency under Competition [J]. Bell Journal of Economics, 1982 (13): 418-438.

[100] Lofsten, H., Lindelof, P. Science Parks in Sweden—Industrial Renewal and Development? [J]. R&D Management, 2001, 21 (1): 45-57.

[101] Lumpkin Q. T., Dess, GG. Clarifying the Entrepreneurial Orientation Construct and Linking it of Performance[J]. Academy of Management Review, 2001 (1): 7-14.

[102] Lynham S. A. Advances in Developing Human Resources [J]. Sage Publications, 2002, 4 (3): 242-276.

[103] Ma R., Huang Y., Shenkar O. Social Networks and Opportunity Recognition: A Cultural Comparison between Taiwan and the United States [J]. Strategic Management Journal, 2011, 32 (11): 1183-1205.

[104] Mahmood I. P., Zhu H. Zajac E. J., Where can Capabilities come From? Network Ties and Capability Acquisition in Business Groups [J]. Strategic Management Journal, 2011, 32 (8): 820-848.

[105] Mahoney J. T., Pandain Jr. The Resource-based View within the Conversation of Strategic Management [J]. Strategic Management Journal, 1992, 13 (5): 363-380.

[106] Mahoney J. T. The Management of Resources and the Resource of Management [J]. Journal of Business Research, 1995 (33): 91-101.

[107] Makadok R. Toward a Synthesis of the Resource-based and Dynamic-capability Views of Rent Creation [J]. Strategic Management Journal, 2001, 22 (5): 387.

[108] Malecki E. J. Industrial Location and Corporate Organization in High Technology Industries [J]. Economic Geography, 1985 (61): 345-369.

[109] Markides C. C. and Williamson P. J. Related Diversification, Core Competences and Corporate Performance [J]. Strategic Management Journal, 1994 (15): 149-165.

[110] McEvily SK, Chakravarthy B. The Persistence of Knowledge-based Advantage: an Empirical Test for Product Performance and Technological Knowledge [J]. Strategic Management Journal, 2002, 23 (4): 285-305.

[111] Meyer M. H., Lehnerd A. P., The Power of Product Platform: Building Value and Cost Leadership [M]. New York: The Free Press, 1997.

[112] Miller D., Shamsie J. The Resource-based View of the Firm in two Environments: The Hollywood Film Studios from 1936 to 1965 [J]. Academy of Management Journal, 1996 (39): 519-543.

[113] Moliterno T. P. and Wiersema M. F. Firm Performance, Rent Appropriation, and the Strategic Resource Divestment Capability [J]. Strategic Management Journal, 2007 (28): 1065-1087.

[114] Moore J. F. The Death of Competition: Leadership and Strategy in the Age of Business Ecosystems [M]. Harper Business: New York, 1996.

[115] Moore, J. F. Predators and Prey: A New Ecology of Competition [J]. Harvard Business Review, 1993, 71 (3): 75-86.

[116] Moore, J. F. The Rise of a New Corporate Form [J]. Washington Quarterly, 1998, 21 (1): 167-181.

[117] Mowery D., Silverman B., Oxley J. Strategic Alliances and Interfirm Knowledge Transfer [J]. Strategic Management Journal, 1996, (17): 77-91.

[118] Nadler D.A., Tushman M.L. Strategic Organizational Design [M]. Harper Collins: New York, 1988.

[119] Nair H., Chintagunta P., Dub'e J. P. Empirical Analysis of Indirect Network Effects in the Market for Personal Digital Assistants [J]. Quantitative Marketing and Economics, 2004, 2 (1): 23-58.

[120] Newbert S. L. Empirical Research on the Resource-based View of the Firm: An Assessment and Suggestions for Future Research [J]. Strategic Management Journal, 2007 (28): 121-146.

[121] Newbert S. L. Value, Rareness, Competitive Advantage, and Performance: A Conceptual-level Empirical Investigation of the Resource-based View of the Firm [J]. Strategic Management Journal, 2008 (29):

745-768.

［122］ Niosi, J., Bas, T.G. The Competencies of Regions-Canada's Clusters in Biotechnology ［J］. Small Business Economics, 2001 （17）: 31-42.

［123］ Nonaka L., Takeuchi H. The Knowledge-Creating Company: How Japanese Companies Create the Dynamics of Innovation ［M］. Oxford University Press: New York, 1995.

［124］ Oh C. H, Oetzel J. Multinationals' Response to Major Disasters: How does Subsidiary Investment Vary in Response to the Type of Disaster and the Quality of Country Governance? ［J］. Strategic Management Journal, 2011, 32 （6）: 658-681.

［125］ Ohashi H. The Role of Network Effects in the U.S. VCR Market, 1978-1986 ［J］. Journal of Economics & Management Strategy, 2003, 12 （4）: 447-496.

［126］ Oswick, C., Keenoy, T. and Grant, D. Metaphor and Analogical Reasoning in Organization Theory: Beyond Orthodoxy ［J］. Academy of Management Review, 2002 （27）: 294-303.

［127］ Park S. Quantitative Analysis of Network Externalities in Competing Technologies: The VCR Case ［J］. Review of Economics and Statistics, 2004, 86 （4）: 937-945.

［128］ Parker G., Van Alstyne M. Information Complements, Substitutes, and Strategic Product Design ［EB/OL］. Workshop on Information Systems and Economics, Charlotte, NC. http: //ssrn.com/abstract = 249585.

［129］ Parker G., Van Alstyne M. Two-sided Network Effects: A Theory of Information Product Design ［J］. Management Science, 2005 （51）: 1494-1504.

［130］ Peteraf M. A. The Cornerstones of Competitive Advantage： A Resource-based View ［J］. Strategic Management Journal, 1993, 14 (3)： 179-191.

［131］ Pisano G. P., Teece D. J. How to Capture Value from Innovation： Shaping Intellectual Property and Industry Architecture ［J］. California Management Review, 2007, 50 (1)： 278-296.

［132］ Pisano G. P. Knowledge, Integration, and the Locus of Learning： An Empirical Analysis of Process Development ［J］. Strategic Management Journal, 1994 (15)： 85-100.

［133］ Porter M.E. The Competitive Advantage of Nations ［M］. Free Press： New York, 1990.

［134］ Powell T. C. Competitive Advantage： Logical and Philosophical Considerations ［J］. Strategic Management Journal, 2001, 22 (9)： 875-888.

［135］ Prendergast, G., Berthon, P. Insights from Ecology： An Ecotone Perspective of Marketing ［J］. European Management Journal, 2000, 18 (2)： 223-232.

［136］ Priem R. L., Butler J. E. Is the Resource-based 'View' a Useful Perspective for Strategic Management Research? ［J］. Academy of Management Review, 2001, 26 (1)： 22-40.

［137］ Prusak L. Knowledge in Organizations ［M］. Butterworth-Heinemann： Boston, MA, 1997.

［138］ Ragozzino R., Reuer J. J. Geographic Distance and Corporate Acquisitions： Signals From IPO Firms ［J］. Strategic Management Journal, 2011, 32 (8)： 876-894.

［139］ Rangan S., Adner R. Profits and the Internet： Seven Misconceptions ［J］. MIT Sloan Management Review, 2001, 44 (4)： 44-53.

[140] Ray G., Barney J. B., Muhanna W. A. Capabilities, Business Processes, and Competitive Advantage: Choosing the Dependent Variable in Empirical Tests of the Resource-based View [J]. Strategic Management Journal, 2004, 25 (1): 23-37.

[141] Reed R., DeFillippi R. J. Causal Ambiguity, Barriers to Imitation, and Sustainable Competitive Advantage [J]. Academy of Management Review, 1990, 15 (1): 88-102.

[142] Robertson D. and Ulrich K. Planning for Product Platform [J]. Sloan Management Review, 1998 (7): 19-31.

[143] Rochet J., Tirole J. Platform Competition in Twosided Markets [J]. Journal of the European Economic Association, 2003, 1 (4): 990-1029.

[144] Rosenkopf L., Nerkar A. Beyond Local Search: Boundary-spanning, Exploration and Impact in the Optical Disc Industry [J]. Strategic Management Journal, 2001 (22): 287-306.

[145] Rouse M. J., Daellenbach US. More Thinking on Research Methods for the Resource-based Perspective [J]. Strategic Management Journal, 2002, 23 (10): 963-967.

[146] Rumelt R. P. How much does Industry Matter? [J]. Strategic Management Journal, 1991, 12 (3): 167-185.

[147] Rumelt R. P. Towards a Strategic Theory of the Firm. In Competitive Strategic Management, Lamb R [M]. Prentice-Hall: Englewood Cliffs, NJ, 1984.

[148] Rysman M. Competition between Networks: A Study of the Market for Yellow Pages [J]. Review of Economic Studies, 2004, 71 (2): 483-512.

[149] Schilling M. A. Technological Leapfrogging: Lessons from the

U.S. Video Game Console Industry [J]. California Management Review, 2003, 45 (3): 6-33.

[150] Schilling M. A. Winning the Standards Race: Building Installed Base and the Availability of Complementary Goods [J]. European Management Journal, 1999, 17 (3): 265-274.

[151] Schroeder R. G., Bates K. A and Junttila M. A. A Resource-based View of Manufacturing Strategy and the Relationship to Manufacturing Performance [J]. Strategic Management Journal, 2002 (23): 105-117.

[152] Shan W., Hamilton W. Country -specific Advantage and International Cooperation [J]. Strategic Management Journal, 1991, 12 (6): 419-432.

[153] Shankar V., Bayus B. L. Network Effects and Competition: An Empirical Analysis of the Home Video Game Industry [J]. Strategic Management Journal, 2003, 24 (4): 375-384.

[154] Shapiro C., Varian H. R. Information Rules: A Strategic Guide to the Network Economy [M]. Harvard Business School Press: Boston, MA, 1999.

[155] Shaver J. Myles. The Benefits of Geographic Sales Diversification: How Exporting Facilitates Capital Investment [J]. Strategic Management Journal, 2011, 32 (10): 1046-1060.

[156] Shaver J. M., Flyer F. Agglomeration Economies, Firm Heterogeneity, and Foreign Direct Investment in the United States[J]. Strategic Management Journal, 2000 (21): 1175-1193.

[157] Shurmer M. An Investigation into Sources of Network Externalities in the Packaged PC Software Market [J]. Information Economics and Policy, 1993, 5 (1): 231-251.

[158] Singh J.V., Tucker D.J., House R.J. Organizational Legitimacy

and the Liability of Newness [J]. Administrative Science Quarterly, 1986 (31): 171-193.

[159] Sirmon, D. G., Hitt, M. A., & Ireland, R. D. Managing Firm Resources in Dynamic Environments to Create Value: Looking Inside the Black Box [J]. Academy of Management Review, 2007 (32): 273-292.

[160] Song M., Droge C., Hanvanich S. and Calantone R. Marketing and Technology Resource Complementarity: an Analysis of their Interaction Effect in two Environmental Contexts [J]. Strategic Management Journal, 2005 (26): 259-276.

[161] Stabell C. B., Fjeldstad D. Configuring Value for Competitive Advantage: On Chains, Shops, and Networks [J]. Strategic Management Journal, 1998, 19 (5): 413-437.

[162] Stremersch S., Tellis G. J., Franses P. H., Binken J. L. G. Indirect Network Effects in New Product Growth [J]. Journal of Marketing, 2007, 71 (3): 52-74.

[163] Suarez F, Lanzolla G. The Role of Environmental Dynamics in Building a Theory of First-mover Advantages [J]. Academy of Management Review, 2007, 32 (2): 377-392.

[164] Szulanski G. Exploring Internal Stickiness: Impediments to the Transfer of Best Practice within the Firm [J]. Strategic Management Journal, 1996 (17): 27-43.

[165] Tan J. J., Litschert R. J. Environment–strategy Relationship and its Performance Implications: An Empirical Study of The Chinese Electronics Industry [J]. Strategic Management Journal, 1994, 15 (1): 1-20.

[166] Teece D. J., Pisano G, Shuen A. Dynamic Capabilities and Strategic Management [J]. Strategic Management Journal, 1997, 18 (7):

509–533.

[167] Teece D. J. Economics of Scope and the Scope of the Enterprise [J]. Journal of Economic Behavior and Organization, 1980 (1): 223–247.

[168] Teece D. J. Explicating Dynamic Capabilities: The Nature and Micro Foundations of (Sustainable) Enterprise Performance [J]. Strategic Management Journal, 2007, 28 (13): 1319–1350.

[169] Teece D. J. Profiting from Technological Innovation: Implications for Integration, Collaboration, Licensing, and Public Policy [M]. In the Competitive Challenge Strategies for Industrial Innovation and Renewal, Teece D (ed.). Ballinger: Cambridge, MA, 1987.

[170] Teece D. J. The Multinational Corporation and the Resource Cost of International Technology Transfer [M]. Ballinger: Cambridge, M. A, 1976.

[171] Tellis G. J., Yin E., Niraj R. Does Quality Win? Network Effects Versus Quality in High–tech Markets [J]. Journal of Marketing Research, 2009, 46 (2): 135–149.

[172] Tucker L. R. and Lewis C. A Reliability Coefficient for Maximum Likelihood Factor Analysis [J]. Psychometrika, 1973 (38): 1–10.

[173] Venkatraman N., Lee C. H. Preferential Linkage and Network Evolution: A Conceptual Model and Empirical Test in the U.S. Video Game Sector [J]. Academy of Management Journal, 2004, 47 (6): 876–892.

[174] Wade J. Dynamics of Organizational Communities and Techno-logical Bandwagons: An Empirical Investigation of Community Evolution in the Microprocessor Market [J]. Strategic Management Journal, Summer Special Issue, 1995 (16): 111–133.

[175] Wernerfelt B. A Resource–based View of the Firm[J]. Strategic Management Journal, 1984, 5 (2): 171–180.

［176］ Wiersema M. F., Zhang Y. CEO Dismissal: The Role of Investment Analysts ［J］. Strategic Management Journal, 2011, 32 (11): 1161–1182.

［177］ Wiklund J. and Shepherd D. Knowledge –based Resources, Entrepreneurial Orientation, and the Performance of Small and Medium–sized Businesses ［J］. Strategic Management Journal, 2003 (24): 1307–1314.

［178］ Xia J. Mutual Dependence, Partner Substitutability, and Repeated Partnership: The Survival of Cross–border Alliances ［J］. Strategic Management Journal, 2011, 32 (3): 229–253.

［179］ Yu J., Gilbert B., Oviatt B. M. Effects of Alliances, Time, and Network Cohesion on the Initiation of Foreign ［J］. Strategic Management Journal, 2011, 32 (4): 424–446.

［180］ Zhu F. and Iansit M. Entry Into Platform–basek Markets ［J］. Strategic Management Journal, 2012 (33): 88–106.

［181］ Zhu K., Kraemer K. L. E–commerce Metrics for Net–enhanced Organizations: Assessing the Value of E–commerce to Firm Performance in the Manufacturing Sector ［J］. Information Systems Research, 2002, 13 (3): 275–295.

［182］ 蔡莉, 朱秀梅. 科技型创业企业集群研究评述及展望 ［J］. 吉林大学社会科学学报, 2005, 45 (4): 122–129.

［183］ 陈斌. 创新型企业创新能力与企业文化关系研究 ［D］. 南京财经大学硕士学位论文, 2010.

［184］ 陈劲. 永续发展——企业技术创新能力透析 ［M］. 北京: 电子工业出版社, 2005.

［185］ 陈斯琴. 企业技术创新生态系统研究 ［D］. 北京工业大学硕士学位论文, 2008.

[186] 戴宁. 企业技术创新生态系统研究 [D]. 哈尔滨工程大学硕士学位论文, 2010.

[187] 戴振华. 基于企业层面的集成创新管理 [D]. 河海大学硕士学位论文, 2004.

[188] 官建成, 王军霞. 创新型组织的界定 [J]. 科学学研究, 2002 (3).

[189] 胡斌. 企业生态系统的动态演化及运作研究 [D]. 河海大学博士学位论文, 2006.

[190] 蒋东仁. 产业集群创新的政府行为透视 [J]. 科学学与科学技术管理, 2006 (12): 61-65.

[191] 李建军. 高新技术企业自主创新支撑机制研究 [D]. 西安理工大学硕士学位论文, 2008.

[192] 李维胜. 提高高新技术企业技术创新能力的对策研究 [J]. 技术经济与管理研究, 2011 (6).

[193] 李湘桔, 詹勇飞. 创新生态系统——创新管理的新思路 [J]. 电子科技大学学报 (社科版), 2008, 10 (1).

[194] 李新南, 梅萌. 中国创新型企业案例 [M]. 北京: 清华大学出版社, 2012.

[195] 刘勇. 发达国家构建产业创新支撑体系的启示 [R]. 科技部调研报告, 2012.

[196] 娄成武, 李丹. 电信产业生态系统平衡及对策分析 [J]. 科学学与科学技术管理, 2006 (11).

[197] 陆玲. 略论企业生态学原理 [J]. 世界科学, 1999 (3).

[198] 牟宗艳. 全力打造创新型企业 [N]. 中国石化报, 2005-01-06.

[199] 潘雄锋. 产业集群发展中的政府行为研究 [J]. 中南民族大学学报 (社科版), 2005 (5): 137-139.

[200] 石书德. 构建中央研究院模式的一流研发体系[J]. 清华管理评论，2012（6）.

[201] 孙成章. 现代企业生态概论 [M]. 北京：经济管理出版社，1996.

[202] 田波，赵英才，王宇. 创新型企业的理念创新 [J]. 税务与经济，2007（5）.

[203] 王兴元. 名牌生态系统成员构成特点及其利益平衡 [J]. 商业研究，2000（10）.

[204] 王毅，袁宇航. 新产品开发中的平台战略研究 [J]. 中国软科学，2003（4）.

[205] 魏江. 创新系统演进和集群创新系统的构建 [J]. 自然辩证法通讯，2004（1）：48–54.

[206] 魏子衡. 产业技术创新体系研究 [D]. 河北工业大学硕士学位论文，2002.

[207] 吴运建，孙成访. 创新型企业与技术创新型企业 [J]. 生产力研究，2009（11）.

[208] 夏冬. 发展中国家技术创新的特点及其对策 [J]. 南开经济研究，2001（6）.

[209] 熊炜烨，张圣亮. 基于生态系统的我国宽带产业发展对策研究 [J]. 管理评论，2004，16（7）.

[210] 杨震宁，吕萍，王以华. 中国科技园绩效评估：基于企业需求的视角 [J]. 科学学研究，2007，25（5）：864–870.

[211] 杨震宁等. 企业入驻科技园的动机及影响因素模型研究 [J]. 科学学研究，2008，26（1）：137–143.

[212] 杨忠直，陈炳富. 商业生态学与商业生态工程探讨 [J]. 自然辩证法通讯，2003（4）.

[213] 杨忠直. 企业生态学引论 [M]. 北京：科学出版社，2003.

[214] 詹姆斯·弗·穆尔. 竞争的衰亡 [M]. 梁骏等译，北京：北京出版社，1999.

[215] 赵剑波等. 资源管理与企业绩效：基于中国科技企业的实证研究 [J]. Working Paper，2008.

[216] 中国创新型企业发展报告编委会. 中国创新企业发展报告 [M]. 北京：经济管理出版社，2011.